도올 만화 중용 1

1장 천명~18장 문왕무우

원작 **자사** | 역주 **도올** | **보현·박진숙** 만화

통나무

『중용』의 세계

『논어』, 『맹자』, 『대학』, 『중용』.
『중용』은 우리가 사서四書의 하나로서 알고 있는 책이지만 그 내용에 대해서는 대개 짐작도 하지 못한 채 이름 정도만 알고 있는 책입니다.

『논어』가 공자의 말씀을 모은 어록이고, 『맹자』가 맹자의 사상을 정리한 기록으로 일찍감치 주목받아 왔다면, 『중용』과 『대학』은 원래 『예기』라는 책의 한 부분으로 전해져 내려온 것을 남송의 주자朱子가 각각 독립된 책으로 만들고 주해를 달아 『사서집주四書集註』를 펴냄으로써 본격적으로 알려지게 되었죠.

"자사가 『중용』을 지었다." — 『사기』, 「공자세가」

『중용』의 저자인 자사子思는 공자의 손자입니다. 공자는 자사가 9살 때쯤 노나라로 돌아온 직후 아들 백어를 잃었습니다. 자사는 14살에 공자가 돌아가실 때까지 할아버지의 극진한 사랑과 보살핌을 받았겠죠. 자사는 상주가 되어 공자의 제자들과 함께 삼년상을 치렀고, 제자 자공이 3년을 더해 6년간 시묘살이를 할 때도 함께 했을 것입니다. 이후 공자의 제자들은 각지로 뿔뿔이 흩어지고 자공이 예물을 싸들고 열국을 돌며 공자의 사상을 전파하는 역할을 하는 동안, 자사는 새로운 학생들을 가르치며 공자학단의 명맥을 잇고 있던 증자와 함께 노나라 곡부에 머물러 있었죠. 자사가 『중용』을 지은 시기는 공자의 말씀집인 『논어』의 편집이 완성되지 않은 때였습니다. 『논어』는 공자 사후 200년에 걸쳐 서서히 모아지고 편집되었다고 봐야 하죠.

그런데 『중용』의 내용이 공자로부터 불과 몇 십 년 안에 이루어진 사유라고 보기에 지나치게 철학적이고 치밀한 논의가 담겨져 있어 근현대의 여러 유교역사학자들은 『중용』을 전국시대 말기나 한나라 이후에 제자백가의 사상을 정리한 문헌으로 보았고, 『중용』의 가치도 그 정도로만 취급되어 왔습니다.

1973년 마왕퇴백서馬王堆帛書
1993년 곽점초묘죽간郭店楚墓竹簡

1973년 마왕퇴의 한나라시대 무덤에서 비단에 쓰인 문서인 백서가 발견되고, 1993년에는 곽점촌의 초나라 무덤(BC 350-300년)에서 대나무에 쓰인 고대 문헌인 죽간이 쏟아져 나와 세간에 엄청난 충격을 던져주었습니다. 이 자료들의 출현은 『중용』을 둘러싼 그동안의 많은 연구들의 결론을 뒤집게 만들었죠. 현재는 자사가 『중용』을 쓴 것이 확실하다는 데 학자들의 의견이 모아지고 있습니다. 『중용』은 맹자나 순자 등 여러 제자백가들의 사상을 후대에 정리한 문헌이 아니라, 자사가 공자의 사상을 흡수하고 그것을 철학적으로 표현하여 오히려 거꾸로 다양한 제자백가의 성립에 영향을 준 밑바탕이었던 것이죠.

이에 따라 사서의 내용적 순서는 『논어』, 『중용』, 『맹자』, 『대학』이라고 할 수 있죠. 자사의 『중용』이 있었기에 맹자의 사상도 찬란하게 꽃피울 수 있었던 것입니다.

여는 글

天命之謂性
_{천명지위성}

하늘이 명한 것이 인간의 본성이다.

천명으로 시작해 중中과 화和, 시중, 능구, 지미 등 인간이 가져야 할 중용中庸의 마음가짐을 설명한 『중용』은 인간을 천지자연 속의 한 존재로 보는 데 그치지 않고, 나의 지극한 성性이 발현되면 타인의 성 또한 발현되고 나아가 우주 만물의 화육을 돕고 천지와 더불어 일체가 되는 조화로운 세계관을 보여줍니다.

載華嶽而不重, 振河海而不洩,
_{재화악이부중 진하해이불설}

萬物載焉.
_{만물재언}

높은 산을 등에 업고도 무거운 줄을 모르며, 황하와 황해를 가슴에 품었어도 그것이 샐 줄을 모르지 아니 하뇨! 만물을 싣는도다!

또한 쉬지 않고 묵묵히 변화하며 만물을 품어 기르는 천지의 성실함誠이야말로 인간이 본받아야 할 하늘의 명命이요, 인간이 걸어야 할 길道이라고 하죠. 이러한 『중용』의 세계관은 서양철학이 일찍이 도달하지 못한 과학적이고 생태적인 철학의 경지에 이르고 있습니다.

『도올만화중용』

『도올만화중용』은 도올 김용옥 선생님의 『중용 인간의 맛』(통나무), 『중용한글역주』(통나무)와 인터넷 도올서원 후즈닷컴의 『중용』 강의(75강)을 참조하였는데, 후즈닷컴 강의에서는 쉬우면서도 깊은 통찰력으로 가득 찬 동양철학의 세계를 경험하였고, 『중용한글역주』에서는 『중용』의 이해에 필요한 모든 세세한 논의와 고증을 확인하였으며, 『중용 인간의 맛』에서는 이 시대에 맞는 『중용』 각 장의 총체적 의미를 알 수 있었습니다.

이미 저는 만화가로서 『도올만화논어』와 『도올만화맹자』를 냈지만 『도올만화중용』을 만들면서 받은 놀라움이 가장 컸는데, 공자의 손자시대에 완성된 동양사상의 스케일에 압도되어 놀랐고, 그 세계관이 요즘 유행하는 사상이라고 해도 무방할 만큼 현대적이어서 또 한 번 놀랐습니다. 이제 여러분을 놀라운 『중용』의 세계로 초대합니다.

2019년 1월
보현

도올 만화 중용 1

차 례

여는 글 • 2

제1장 **천명장** 天命章 • 6

제2장 **시중장** 時中章 • 48

제3장 **능구장** 能久章 • 62

제4장 **지미장** 知味章 • 70

제5장 **도기불행장** 道其不行章 • 80

제6장 **순기대지장** 舜其大知章 • 92

제7장 **개왈여지장** 皆曰予知章 • 108

제8장 **회지위인장** 回之爲人章 • 114

제9장	백인가도장 白刃可蹈章 • 120
제10장	자로문강장 子路問强章 • 124
제11장	색은행괴장 素隱行怪章 • 138
제12장	부부지우장 夫婦之愚章 • 144
제13장	도불원인장 道不遠人章 • 164
제14장	불원불우장 不怨不尤章 • 182
제15장	행원자이장 行遠自邇章 • 198
제16장	귀신장 鬼神章 • 210
제17장	순기대효장 舜其大孝章 • 232
제18장	문왕무우장 文王無憂章 • 256

상세목차 • 276

제1장 천명장 天命章

1 하늘天이 명命하는 것, 그것을 일컬어 성性이라 하고,
성을 따르는 것, 그것을 일컬어 도道라 하고,
도를 닦는 것, 그것을 일컬어 교敎라고 한다.

2 도道라는 것은 잠시須臾라도 떠날 수 없는 것이다.
도가 만약 떠날 수 있는 것이라면 그것은 도가 아니다.
그러므로 군자君子는 보이지 않는 데서 경계하고 삼가며,
들리지 않는 데서 두려워한다.

3 숨은 것처럼 잘 드러나는 것이 없으며,
미세한 것처럼 잘 나타나는 것이 없다.
그러므로 군자는 홀로獨 있어도 삼가는愼 것이다.

4 희노애락喜怒哀樂이 아직 발현되지 않은 상태를
중中이라 일컫고,
그것이 발현되어 상황의 절도節에 들어맞는 것을
화和라고 일컫는다.

중中이라는 것은 천하天下의 큰 근본大本이요,
화和라는 것은 천하사람들이 달성해야만 할 길達道이다.

5 중中과 화和를 지극한 경지에까지 밀고 나가면,
천天과 지地가 바르게 자리를 잡을 수 있고,
그 사이에 있는 만물萬物이 잘 자라나게 된다.

天命之謂性
천 명 지 위 성

하늘이 명하는 것,
그것을 일컬어 성이라 한다.

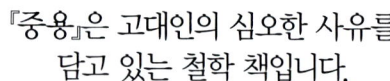

『중용』은 고대인의 심오한 사유를 담고 있는 철학 책입니다.

글자 하나하나의 의미를 깊이 새기지 않으면 읽어도 이해할 수 없죠.

천, 명, 성…
첫 문장부터 많은 논의가 필요한 단어들이 보이죠?

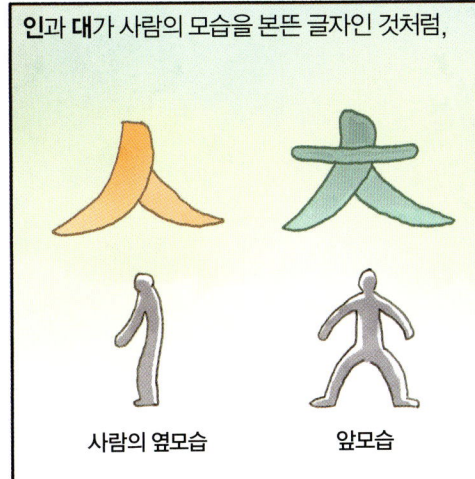

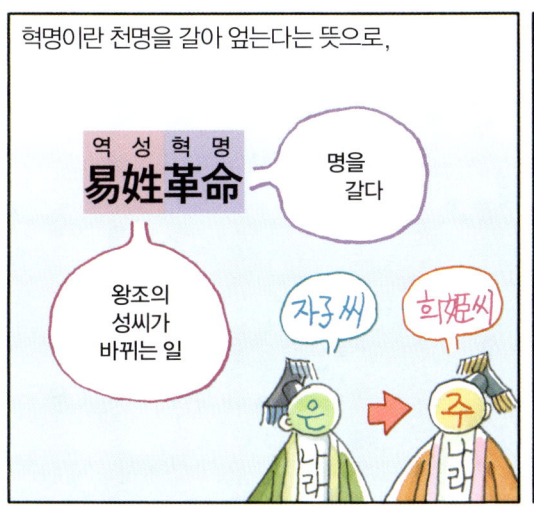

그러므로 공자가 말한 '경이원지' 또한 이러한 시각에서 이해할 수 있습니다.

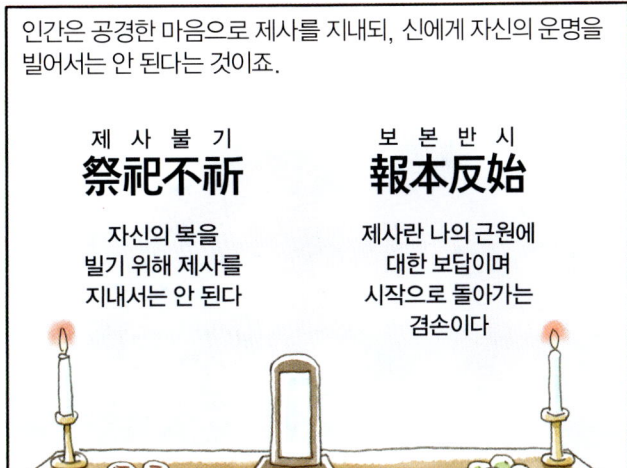

제1장 천명장

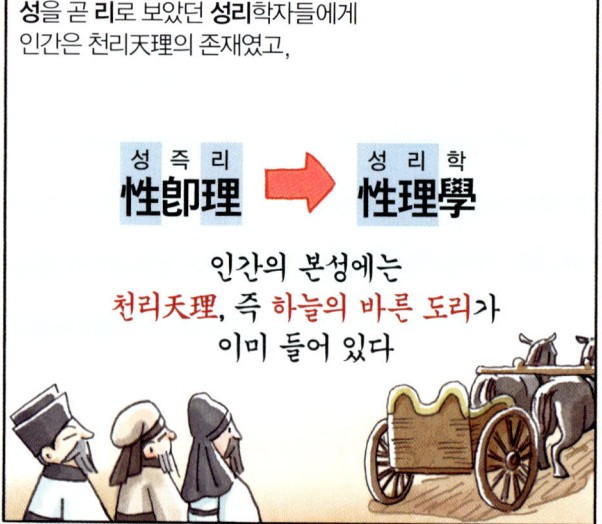

제1장 천명장

뿐만 아니라, 공자도 이런 말을 남겼습니다.

何謂人情? 喜怒哀懼愛惡欲七者 弗學而能
하 위 인 정   희 노 애 구 애 오 욕 칠 자   불 학 이 능

도대체 **인정**이라는 게 무엇이냐?
그것은 기뻐하고, 노여워하고, 슬퍼하고, 두려워하고,
사랑하고, 증오하고, 욕심내는 일곱 가지 감정인데,
이것은 인간이 배우지 않고서도 매우 잘하는 것이다.
― 『공자가어』「예운」

인정 = 감정 = 칠정 = 氣
= 불학이능
= 타고난 것
= 하늘이 준 것(천명)
= 性

「성자명출」과 공자의 말대로라면 **성리학**은 성기학이 되어야 마땅하죠.

性 = 리理
性 = 氣

만일 우리나라의 대표적인 성리학자인 퇴계 이황이 이것을 알았다면 비통해 하며 앓아누웠을지도 모릅니다.

퇴계 - 기고봉 7년 논쟁

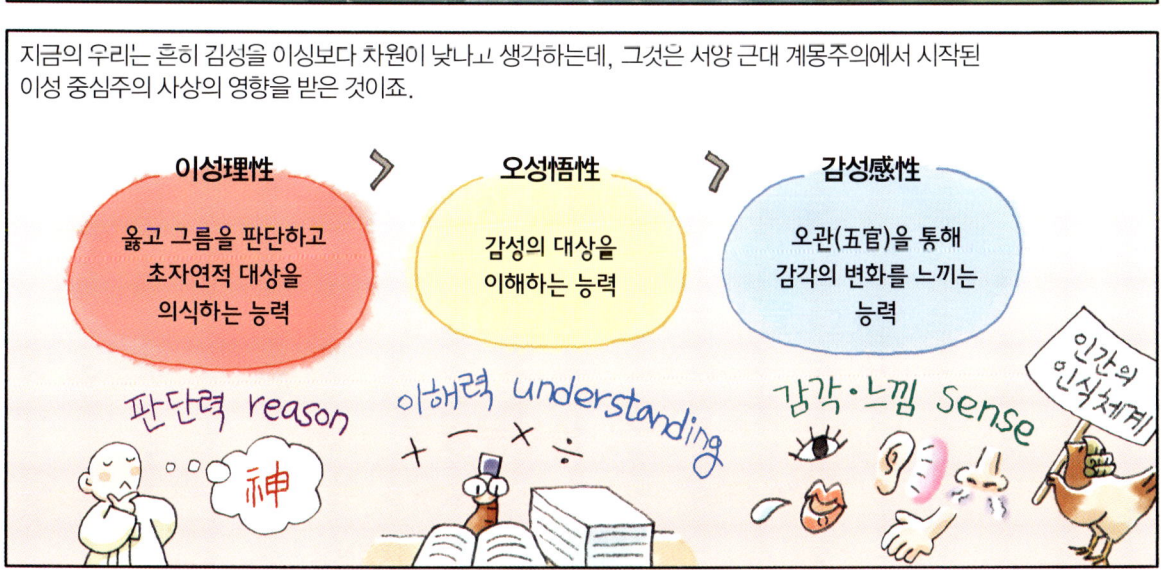

상대를 거부하는 상황이 있을 수 있죠.

다시 『중용』으로 돌아가기 위해 앞서 말한 BC 4세기의 문헌인
『성자명출』의 다른 대목을 잠시 보겠습니다.

『중용』　　　　　　　　　　　『성자명출』

_{천 명} 지 위 _성
天命之謂性　→　_{성 자 명 출} _{명 자 천 강}
性自命出 命自天降

천이 명하는 것,
그것을 일컬어 성이라 한다.

성은 명으로부터 나오고
명은 천으로부터 내려온다.

_{솔 성} 지 위 _도
率性之謂道　→　_도 시 어 정 정 생 어 성
道始於情 情生於性

성을 따르는 것,
그것을 일컬어 도라고 한다.

도는 정으로부터 시작하는 것이며
정은 성으로부터 생겨난다.

_{수 도} 지 위 _교
脩道之謂敎　→　시 자 근 정 종 자 근 의
始者近情 終者近義

도를 닦는 것,
그것을 일컬어 교라고 한다.

도의 시작은 정에 가까운 것이다.
그러나 학습을 거쳐 완성되는
종착지는 의에 가깝다.

『성자명출』의 내용이
마치 『중용』의 첫 세 구절을
해설해놓은 것 같죠?

率性之謂道
솔 성 지 위 도

성을 따르는 것,
그것을 일컬어 도라고 한다.

솔率: 따르다

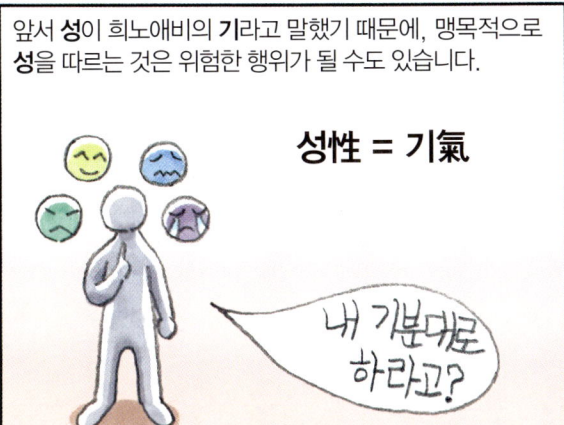

앞서 **성**이 희노애비의 **기**라고 말했기 때문에, 맹목적으로 **성**을 따르는 것은 위험한 행위가 될 수도 있습니다.

성性 = 기氣

내 기분대로 하라고?

그런데 인간이 **도**에 이르려면 그 마음이 먼저 움직여야 하므로

성性 ➡ 정情 ➡ 도道

타고난 성향 / 느껴 일어나는 마음 / 마땅히 가야 할 길

『성자명출』에 따르면···

솔성에는 인간의 성性(감정상태)을 바르게 선택한다는 의미가 들어 있죠.

바른 성을 따른다 = 바른 길을 선택한다

바른 바른

길道이란 반드시 선택되어 반복되는 습성을 통해 형성되는 것이며

도Dao = The Way

선택

그 선택된 길은 계속 끊임없이 사람이 다니고 보수공사를 해야 유지되는 것이지, 그렇지 않으면 사라지고 맙니다.

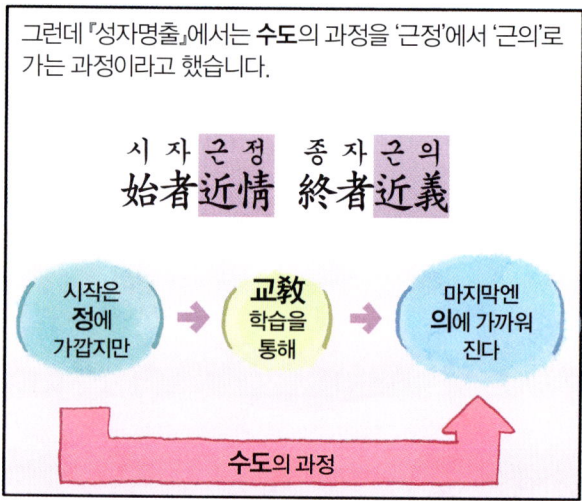

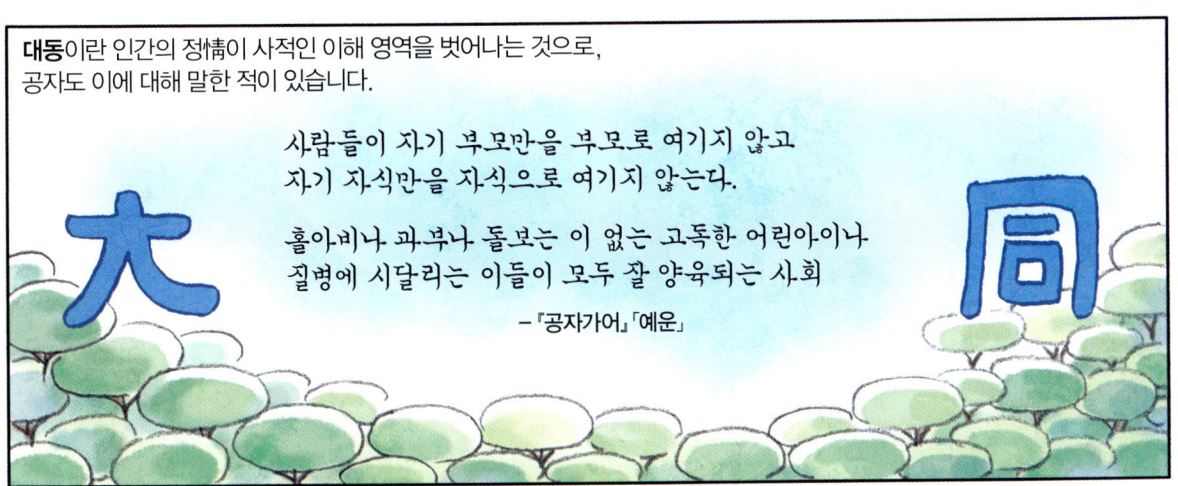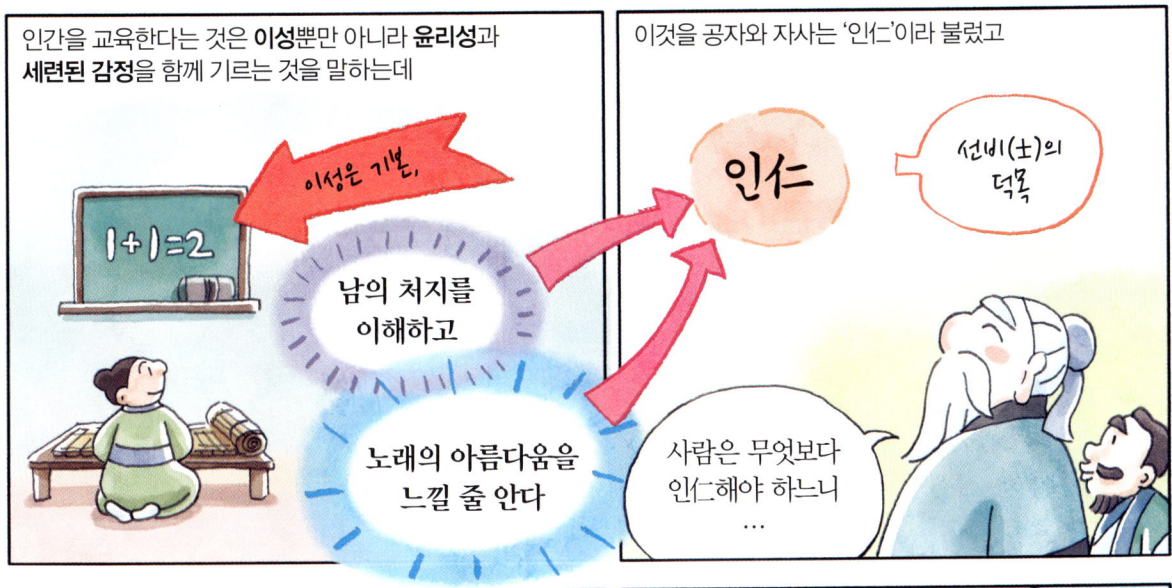

고대사회에 있어 음악은 오늘과 같이 노래를 감상하는 데 그치는 것이 아니라 직접 노래를 부르고, 악기를 연주하고, 작곡을 하고, 노래에 맞춰 춤을 추는 **몸의 수련**이자 **감정의 순화**였으며, **도덕의 달성**이었죠.

인간은 말보다는 **감정**으로 통하는 존재이기에

천명지위성
天命之謂性

타고난 희노애비의 감정적 성향을

동양 사상은 인간의 **감정**을 잘 다스리면 사회정의에까지 이를 수 있고,

솔성지위도
率性之謂道

잘 선택하여

그것을 교육을 통해 만들어 나갈 수 있다고 보았죠.

수도지위교
脩道之謂敎

교육을 통해 지속해 나간다

이러한 **정情**의 윤리를 무시한 채 합리성에만 몰두한 근대 서구문명의 이성주의는 이제 여러 가지 문제점을 드러내고 있습니다.

우리의 20세기를 '이성의 교육'이 이끌었다면, 이제는 새로운 '인성의 교육'의 세기를 열어야 할 때입니다.

그러려면 무엇보다 중용의 언어를 제대로 이해하는 것이 중요하겠죠?

道也者, 不可須臾離也. 可離, 非道也.
도야자 불가수유리야 가리 비도야

是故君子戒愼乎其所不睹, 恐懼乎其所不聞.
시고군자계신호기소부도 공구호기소불문

도라는 것은 잠시라도 떠날 수 없는 것이다.
도가 만약 떠날 수 있는 것이라면 그것은 도가 아니다.

그러므로 군자는 보이지 않는 데서 경계하고 삼가며
들리지 않는 데서 두려워한다.

도睹: 보다

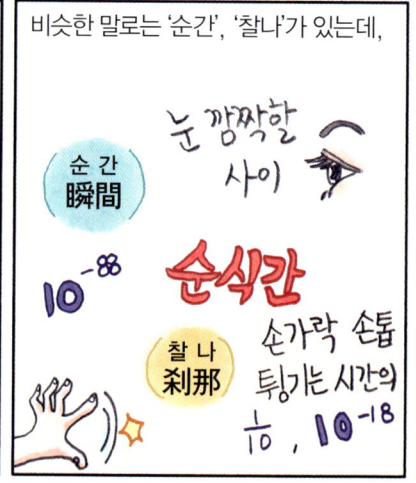

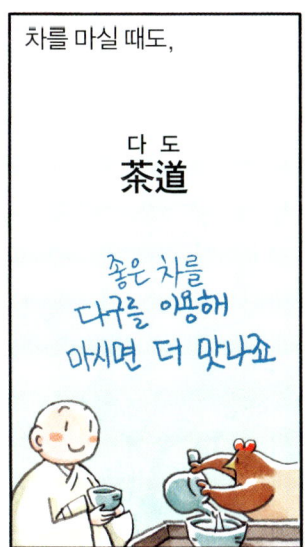

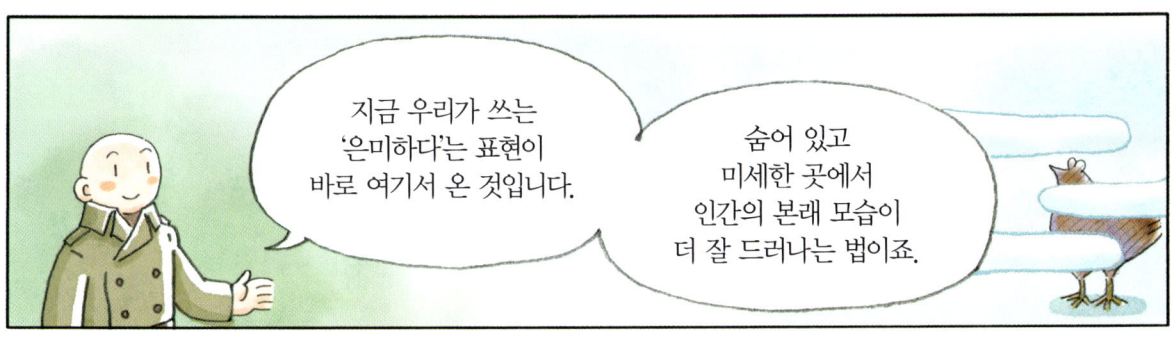

그것은 자신을 겉으로 드러내고 나타내려 하지 않고 자신의 내면으로 한없이 가라앉는 과정으로,

검은 바닷속 수백 미터 아래로 잠수해 내려가는 잠수부의 고독과도 같은 것입니다.

나의 내면을 나 홀로 책임지는 **신독**은 동양사상의 핵심이라고 할 수 있습니다.

군자는 위기의 상황에서 홀로 서는 두려움이 없으며, 세상을 등져 아무도 알아주지 않는다 해도 답답함이 없다.

— 『주역』

喜怒哀樂之未發, 謂之中; 發而皆中節, 謂之和.
희노애락지미발 위지중 발이개중절 위지화

희노애락이 아직 발현되지 않은 상태를 중이라 부르고, 그것이 발현되어 상황의 절도에 들어맞는 것을 화라고 말한다.

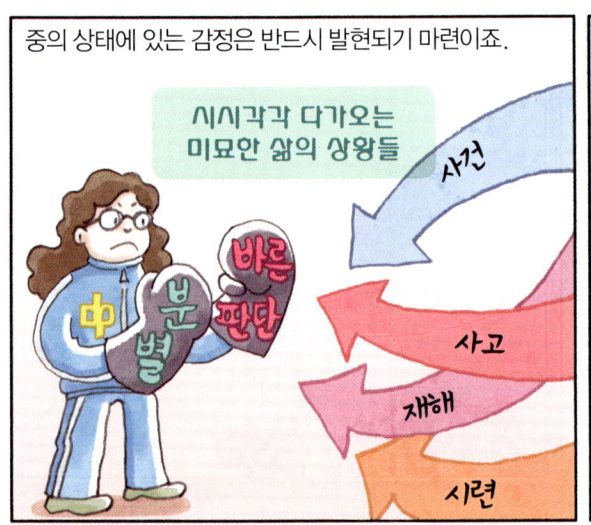

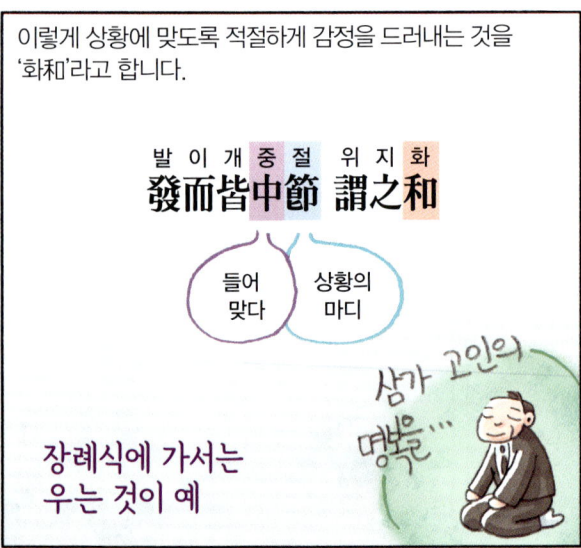

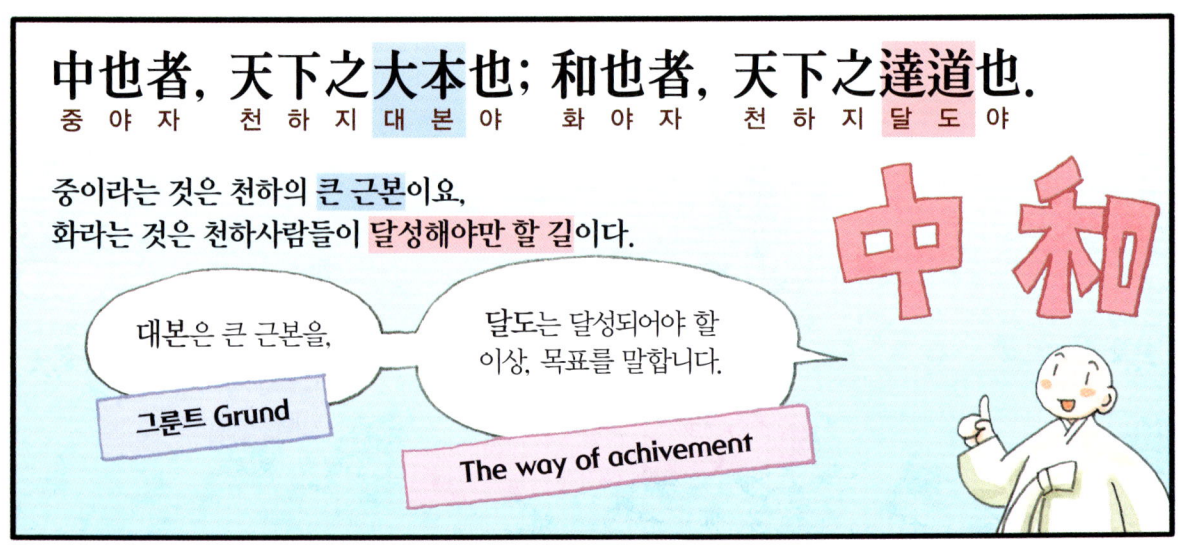

中也者, 天下之大本也; 和也者, 天下之達道也.
중야자 천하지대본야 화야자 천하지달도야

중이라는 것은 천하의 큰 근본이요,
화라는 것은 천하사람들이 달성해야만 할 길이다.

대본은 큰 근본을, 그룬트 Grund

달도는 달성되어야 할 이상, 목표를 말합니다. The way of achivement

산다는 것은 중을 기본으로 한 신독의 세계에 살되,

일희일비하지 않고 나 자신을 책임지는 고독한 존재방식

조화로운 관계 속에서 이루어지는 것이죠.

부모 / 사회 / 나 / 부부 / 형제 / 동료 / 친구

그러나 각각 신독의 세계에서 책임지는 성숙한 존재가 아니면 진정한 조화는 달성되지 않습니다.

harmony
인천시 인화로에 사는 김신독씨

동양의 인문세계에는 신이 없기 때문에 더욱 치열하게 조화를 달성하는 문제에 대해 고민할 수밖에 없습니다.

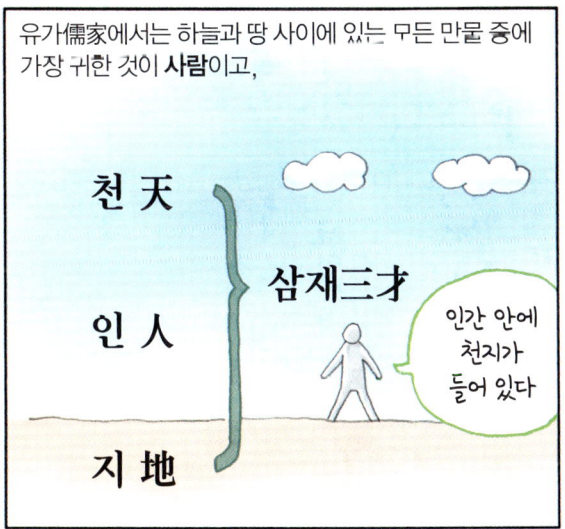

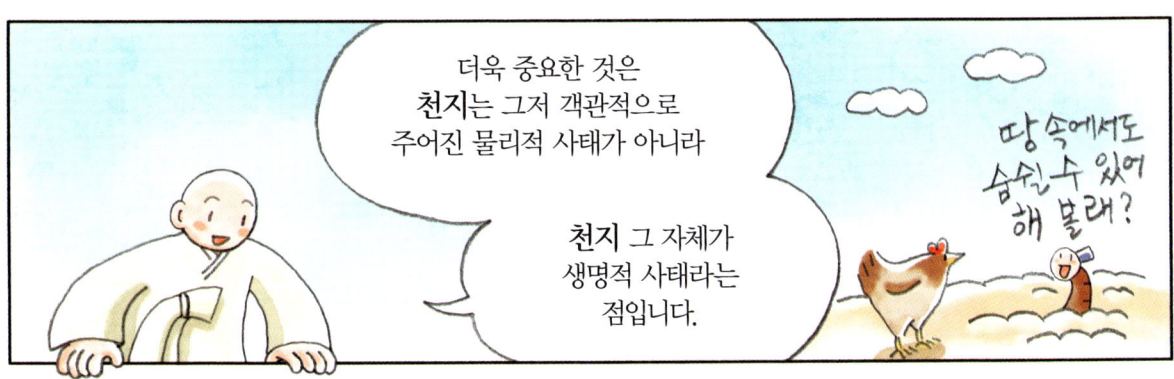

오늘날처럼 기후 조건이 안정된 지는 불과 1만 년밖에 되지 않았지만, 자사의 시대에 이미 천지를 생태론적인 순환구조 속에서 보기 시작했던 것입니다.

동양 사상은 하늘과 땅을 고정된 자리(位)가 아닌 순환구조 속에서 파악했고, 그 생명이 충만한 순환구조를 '태극'이라고 불렀습니다.

태극太極

이 순환구조의 핵심에 있는 인간이 자신의 존재를 깨닫고 책임을 다하지 않으면,
천지가 뒤바뀌고 만물이 다 망가지고 마는 것입니다.

이렇듯 중용의 철학에는 매우 구체적인 생태론적 가치체계가 깔려 있습니다.

치중화
致中和 중과 화가 지극한 경지에 이르면

천지위언
天地位焉 천지가 자리잡고

만물육언
萬物育焉 만물이 자라난다

오늘날까지도 서양철학은 생태론적 관심이 제외된 상태에서 논의되고 있는 실정이죠.

자연, 즉 천지에 대한 인간의 책임감을 강조하는 중용의 메시지는

21세기 서구 문명과 동아시아 문명의 과제상황에 던지는 최대의 숙제가 될 것입니다.

방대한 인류의 문제를 짧은 언어 속에 집어넣은 『중용』 제1장의 이 주제들은

나머지 32장에 걸쳐 다시 한 번 전개됩니다.

천명지위성 솔성지위도 수도지위교
도야자   불가수유리야
은미   신독   중화
천지위언   만물육언

제2장 시중장 時中章

❶ 중니께서 말씀하셨다:

"군자君子의 행위는 중용을 지킨다. 그러나 소인小人의 행위는 중용에서 어긋난다.

❷ 군자가 중용을 행함은 군자다웁게 때에 맞추어 중中을 실현한다. 그러나 소인이 중용을 행함은 소인다웁게 기탄忌憚함이 없다."

仲尼曰: "君子中庸, 小人反中庸.
중니왈　군자중용　소인반중용

중니께서 말씀하셨다:

"군자의 행위는 중용을 지킨다.
그러나 소인의 행위는 중용에서 어긋난다.

> 1장에서 자사가 **중과 화**를 설명한 이후,
>
> 중용이 공자의 말로써 처음 등장하고 있습니다.

2-1

우선, '중니'는 자사의 할아버지인 공자의 자字입니다.

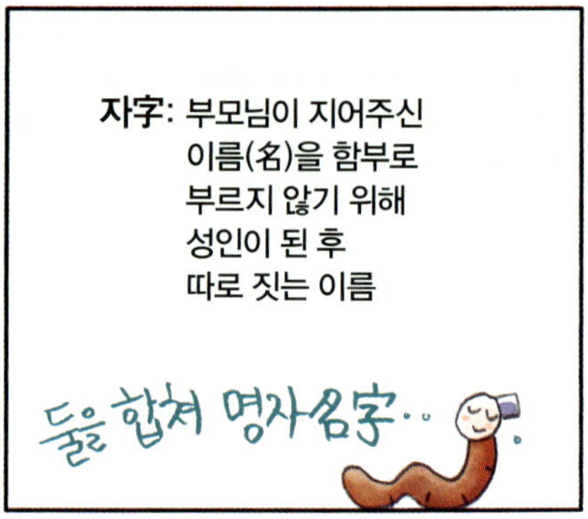

자字: 부모님이 지어주신 이름(名)을 함부로 부르지 않기 위해 성인이 된 후 따로 짓는 이름

둘을 합쳐 명자名字··

공자의 아버지가 나이가 많아서 제사를 맡길 아들 얻기가 힘들 것 같아

어머니가 니구산에 빌어서 낳았다고 하여 이름을 '구', 자를 '중니'로 했다는 설이 있죠.

이것은 공자가 천한 출신으로 다양한 사람을 만나면서 형성된 보편주의였기에,
동양사상의 귀한 부분이 되었죠.

3세에 아버지를 여의고 / 15세에 배움에 뜻을 두었고 / 30세에 우뚝 섰으며 / 40세에 불혹, / 50세에 천명을 알았고 / 60세에 이순, / 70세에는 종심소욕 불유구…

學 / 而立 / 不惑 / 天命 / 耳順 / 不踰矩

학문에 자신감

종교에 미혹되지 않는다

공부는 나의 운명!

싫은 소리를 들어도 참을 만해

마음 가는 대로 해도 법도에 어긋남이 없어~

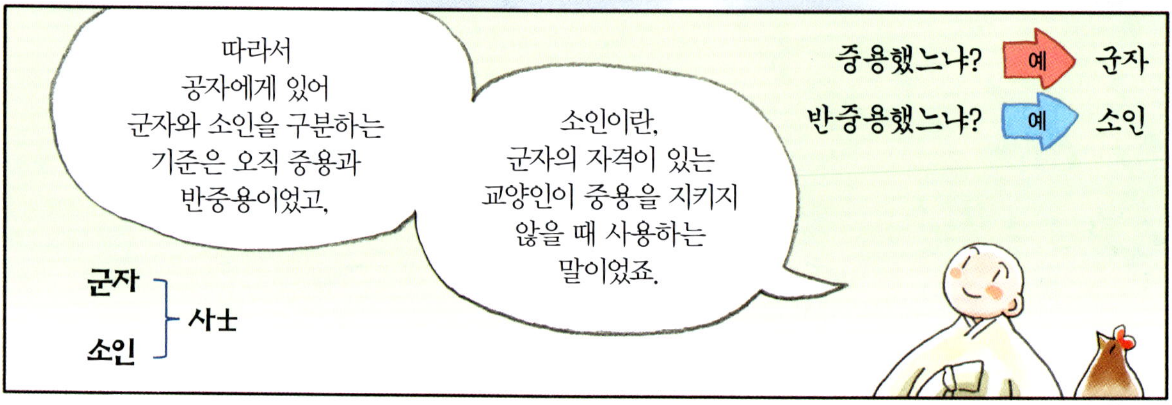

따라서 공자에게 있어 군자와 소인을 구분하는 기준은 오직 중용과 반중용이었고,

소인이란, 군자의 자격이 있는 교양인이 중용을 지키지 않을 때 사용하는 말이었죠.

중용했느냐? ➡ 예 ➡ 군자
반중용했느냐? ➡ 예 ➡ 소인

군자
소인 } 사士

군자가 수양을 게을리하거나, 판단을 잘못하거나, 일시적 탐욕에 치우치거나 처신을 잘못하면 곧바로 소인이 되고 마는 것입니다.

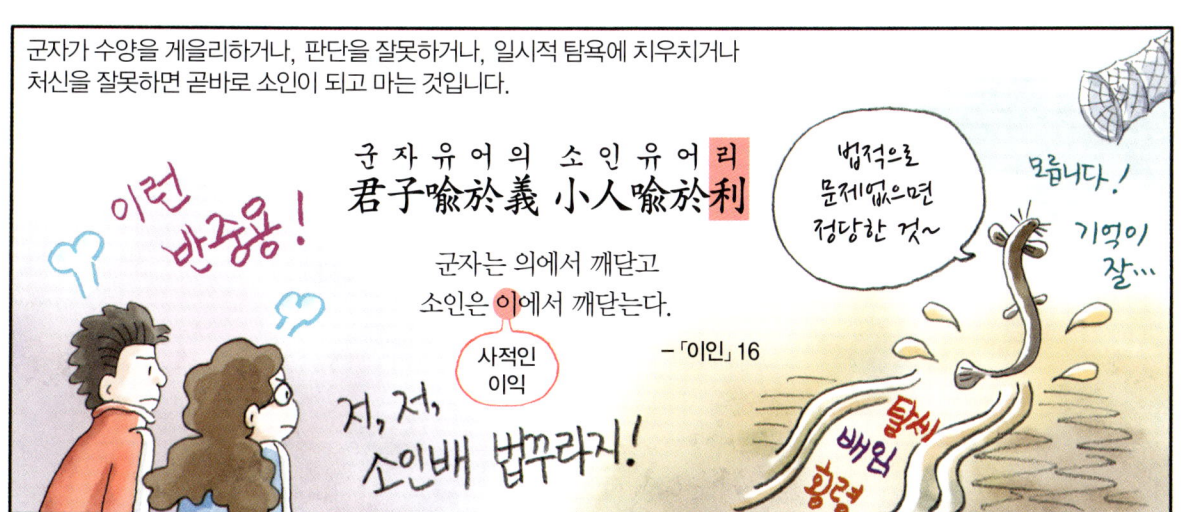

군자유어의 소인유어리
君子喩於義 小人喩於利

군자는 의에서 깨닫고
소인은 이에서 깨닫는다.
- 「이인」 16

사적인 이익

이런 반중용!

저, 저, 소인배 법꾸라지!

법적으로 문제없으면 정당한 것~

모릅니다! 기억이 잘...

탈세 배임 횡령

군자의 길과 소인의 길은 나 스스로 선택하는 것입니다.

군자로 소인로

동양 사상에서는 구원하는 자와 구원받는 자가 따로 있을 수 없습니다.

너의 죄를 사하노라.

정말요? ... 왜요?

인간은 오직 자기가 스스로를 구원할 수밖에 없다는 것이 『중용』의 투철한 논리이죠.

자성自成   스스로 이루어 나갈 수밖에 없고
자도自道   스스로 길지워 나갈 수밖에 없다

공자의 시대에는 아직 중용에 대한 심도 있는 분석은 진행되지 않았습니다.
『논어』에도 딱 한 번 등장할 뿐이죠.

> 공자께서 말씀하셨다.
>
> "**중용**의 덕됨이 지극하도다!
> 중용을 실천하는 백성이 드문지가
> 오래되었도다."
>
> — 『옹야』 27

중은 앞서 말한 대로 때와 상황에 맞는,

일희일비하지 않는 감정의 상태이며,

용에는 '일상성'과 '항상성'의 의미가 겹쳐 있습니다.

中 중 — 잔잔한 마음의 상태
庸 용 — 일상, 항상, 범용

인간이 바라는 모든 특별하고 초월적인 삶은 평범한 **일상** 속에서 실현되어야 한다는 것이 자사의 신념이었습니다.

일상성
日常性

천국의 질서를 바란다면 매일 매일의 생활에서 지속적으로 그것을 실현해 나가야 한다

이것은 자사보다 500년 늦게 태어난 예수의 신념이기도 했죠.

당신의 나라이시여!
이 땅에 임하시옵소서
당신의 뜻이 하늘에서 이루어진 것 같이
이 땅에서도 이루어지게 하옵소서!!!

또, 하루하루 사는 삶은 변덕스럽고 변화하지만, 우리의 삶이 항상 복귀하는 근원성은 지속적으로 있는 것이죠.

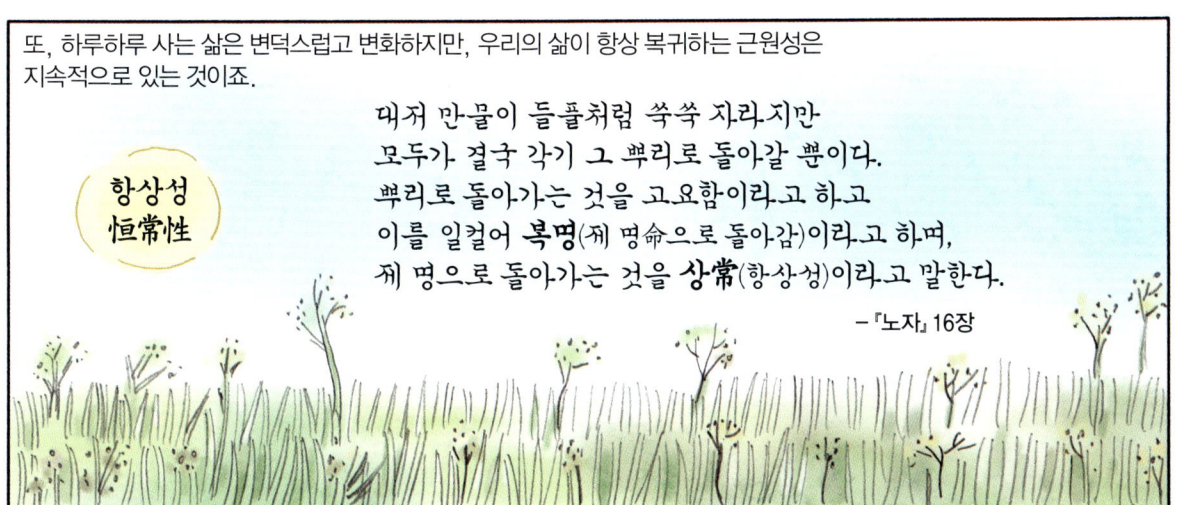

따라서 용의 항상성은 천명으로 돌아가는 것을 의미하죠.
그 외에도 용에는 여러 가지 의미가 복합되어 있습니다.

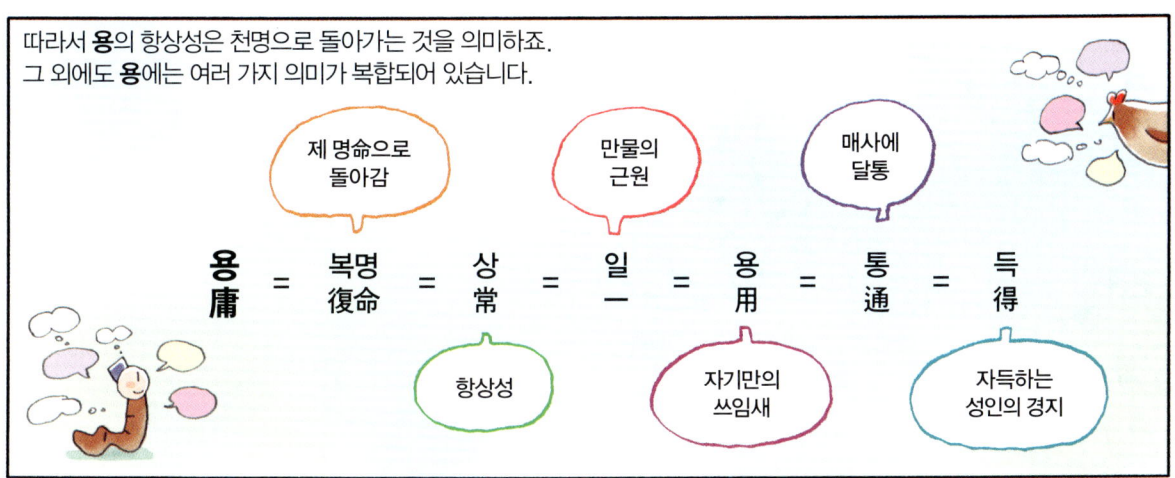

제3장 능구장 能久章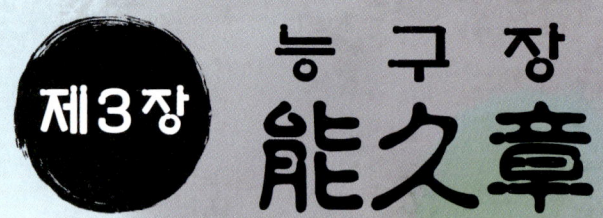

1 공자께서 말씀하셨다:

"중용이여, 참으로 지극하도다!
아~ 사람들이 거의 그 지극한 중용의 덕을
지속적으로 실천하지 못하는구나!"

子曰: "中庸其至矣乎! 民鮮能久矣!"
자왈 중용기지의호 민선능구의

공자께서 말씀하셨다:

"중용이여, 참으로 지극하도다!
아~ 사람들이 거의 그 지극한 중용의 덕을 지속적으로 실천하지 못하는구나!"

여기서는 능구의 뜻만 잘 알고 넘어가면 되겠습니다.

제 2장에서 '중니왈'로 시작된 공자님 말씀은 『중용』 제20장까지 계속됩니다.

『논어』의 내용과 같은 것도 있고 아닌 것도 있죠.

천하를 떠돌던 공자가 다시 노나라에 돌아온 이후

귀로歸魯

나를 기용해 줄 군주를 찾아 떠돈 14년...

아들 백어가 죽었을 때 손자인 자사의 나이는 10살이었죠.

공자 69세   자사 10세

그리고 공자가 죽었을 때 14살, 장손이었던 자사는 공자의 제자들과 함께 3년상을 치렀을 것이고

자사 17세

또 자공이 3년간 시묘살이를 더 연장했을 때도 같이하면서 공자학단의 많은 이야기를 직접 듣고 기록하였을 것입니다.

제자 자공

자사 20세

따라서 『논어』에는 없지만 『중용』에는 나오는 공자의 말씀들은

자사가 어려서부터 들어왔거나 직전제자들에게 배운 것일 가능성이 높습니다.

직전제자: 공자에게 직접 배운 제자

『논어』「옹야」편과 살짝 다른 이 장의 공자 말씀은 평생 학문에 정진한 말년의 성인이 인생에서 겪은 모든 경험을 회고하면서 뱉은 찬탄인 것이죠.

매일 매일 덕을 실천하려고 노력해야 한다는 **중용**의 의미는 참으로 위대하도다!

민선구의 民鮮久矣 —「옹야」

그 다음 구절은 해석을 어떻게 하느냐에 따라 큰 차이가 날 수밖에 없습니다.

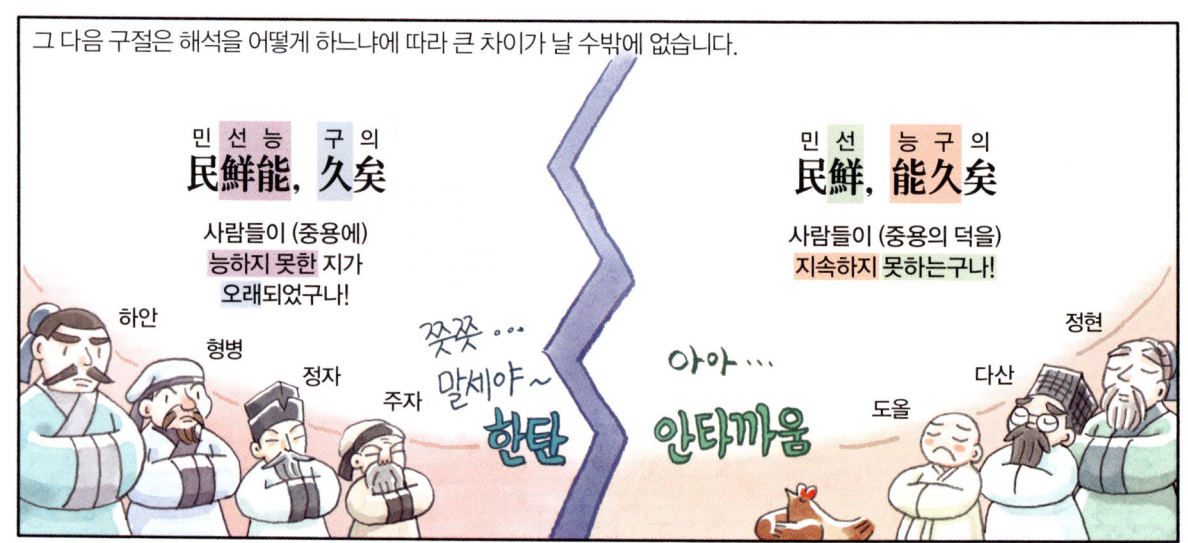

중용이란 인간이 어쩌다 잘 실현할 수도 있는 것이지만

핵심은 **지속**하는 데 있죠. 지속할 수 없다면 그것은 중용이 아닙니다.

그러나 세상에 변하지 않는 것은 없죠. 동양철학은 이것을 인정하는 데서 출발합니다.

그 3개월도 길다고 고백하는 공자는
무척 인간적이고 착한 사람이었을 겁니다.

공자께서 말씀하셨다:

"안회는 그 마음이 석 달 줄곧 인(仁)을 어기는 법이 없나니.
석 달이 지나도 날이면 날마다, 달이면 달마다
인한 채로 흘러갈 뿐이다."

- 『논어』「옹야」5

공자의 제자
안회

자字: 안연

세상 사람들이 모두 내가 지혜롭다고 말하는데
나는 중용을 택하여 지키려고 노력해도
불과 만 1개월을 지켜내지 못하는구나!

- 『중용』제7장

인간적이셔~

제4장 지미장 知味章

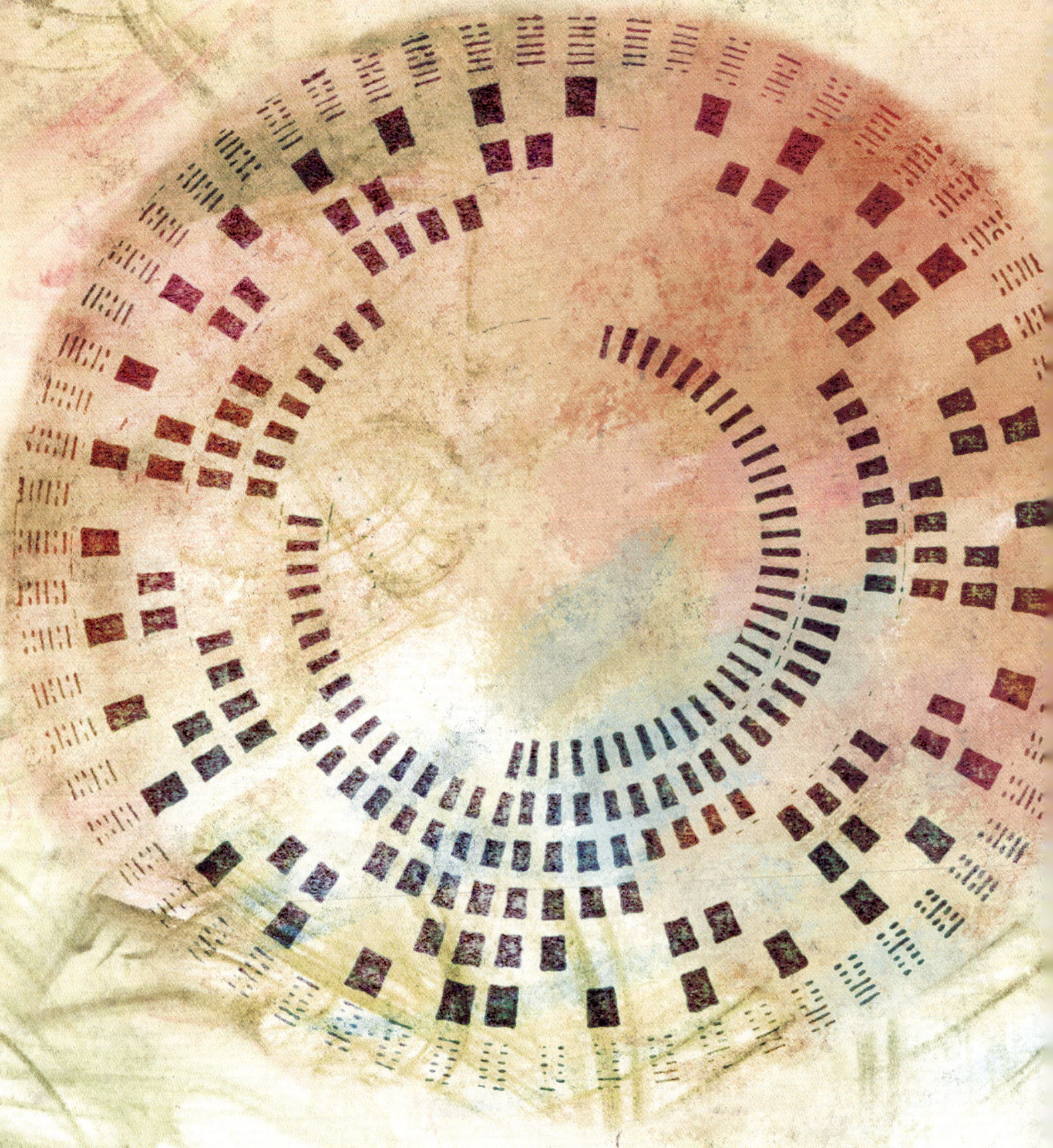

❶ 공자께서 말씀하셨다:

"도道가 왜 행하여지고 있지 않은지, 나는 알고 있도다.
지혜롭다 하는 자들은 도度를 넘어서서 치달려 가려고만 하고,
어리석은 자들은 마음이 천한 데로 쏠려 미치지 못한다.

도道가 왜 이 세상을 밝게 만들지 못하고 있는지,
나는 알고 있도다. 현명한 자들은 분수를 넘어가기를 잘하고,
불초不肖한 자들은 아예 못미치고 만다.

❷ 사람이라면 누구든 마시고 먹지 않는 자는 없다.
그러나 맛을 제대로 아는 이는 드물다."

子曰: "道之不行也, 我知之矣, 知者過之, 愚者不及也;
자왈   도지불행야   아지지의   지자과지   우자불급야

道之不明也, 我知之矣, 賢者過之, 不肖者不及也.
도지불명야   아지지의   현자과지   불초자불급야

공자께서 말씀하셨다:

"도가 왜 행하여지지 않는지 나는 알고 있다.
지혜롭다 하는 자들은 너무 과하고,
어리석은 자들은 미치지 못한다.

도가 왜 이 세상을 밝게 만들지 못하는지 나는 알고 있다.
현명한 자들은 분수를 넘어가기를 잘하고,
불초한 자들은 아예 못 미치고 만다.

불초不肖: (아버지의 덕과) 같지 않다, 모자르다

도가 제대로 행하여지지 않는 세상에 대한 공자의 탄식이 이어지고 있습니다.

그러나 우리 삶의 도는 단순히 과·불급의 중간에 있는 것이 아닙니다.

지자·현자   우자·불초자

여기서 도는 실천적 맥락으로 보면 중의 다른 표현으로 볼 수 있죠.

人莫不飮食也, 鮮能知味也."
인 막 불 음 식 야 선 능 지 미 야

사람이라면 누구든 마시고 먹지 않는 자는 없다.
그러나 맛을 제대로 아는 이는 드물다."

> 지혜로운 삶의 도는 바로 맛을 아는 데 있죠.

> 제2장에서 **시중**을,
>
> 제3장에서 **능구**를 알았다면,
>
> 여기 4장에서는 **지미**를 알아야 합니다.

인간이 목마르고 배고플 때 음식을 먹는 것은 몸을 유지하기 위한 필연적인 행동이지만, 여기에 **맛**이 필수적인 것은 아니죠.

배고플 땐 뭐든 맛있지!

맛으로 먹나, 살려고 먹지

그렇다고 맛이 사회정의를 구현하는 데 꼭 필요한 것도 아닌데, 왜 맛을 아는 것이 중요할까요?

지 미
知味

제4장 지미장

1월 중순경에 처음으로 독을 열어 꺼내먹는 그 맛이란!!!

흰 쌀밥 위에 손으로 찢은 김치를 착 얹어서…

츄루릅!

한국인이라면 누구나 아는 이 맛의 예술은 바로 **시중의 예술**입니다.

무와 배추가 손잡고 눈 덮인 벌판을 뛰어다니고 있어!

하하하하하하

맛은 수신의 결과이며, 공부의 결과로서만 달성되는 것이죠.

시중時中 = 타이밍 timing

수치로 계량할 수 없는 전문가의 손맛!

제4장 지미장

그런데 그때마다 정치 지도자들에게 실망하면서 되돌아서고 말았던 것이죠.

과過
지나치군…

혼자 열일 하느라 점심은 대충 햄버거로 때움

불급不及
한참 못 미쳐…

번쩍 번쩍

입맛이 써…

공자는 **중용**을 단지 과·불급이 없는 상태가 아니라, **맛**을 아는 심미적 경지에 있다고 보았습니다.

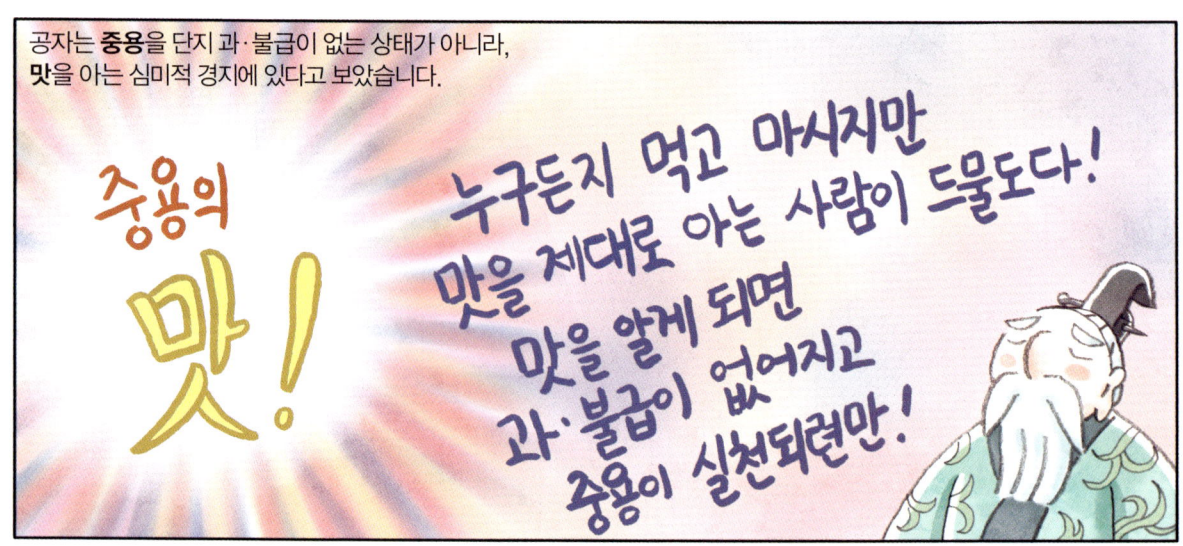

아무리 부자라도 아무렇게나 주면 평생 맛을 모르고,

검소해도 정갈한 맛을 알면 정갈한 인간이 되는 것이죠.

맛은 일차적으로 '미각'을 의미하지만, 실제적으로는 전체의 심미적 감성에 해당됩니다.

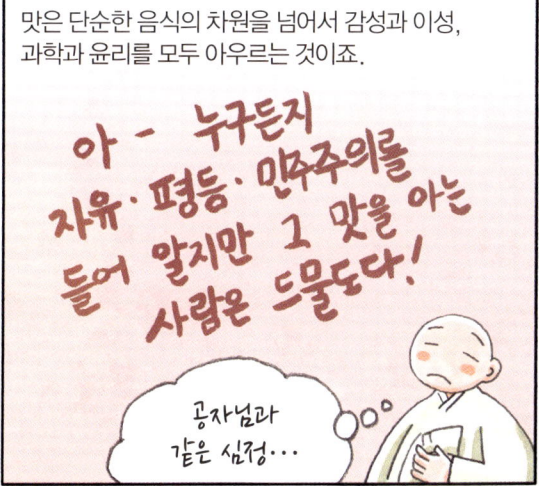
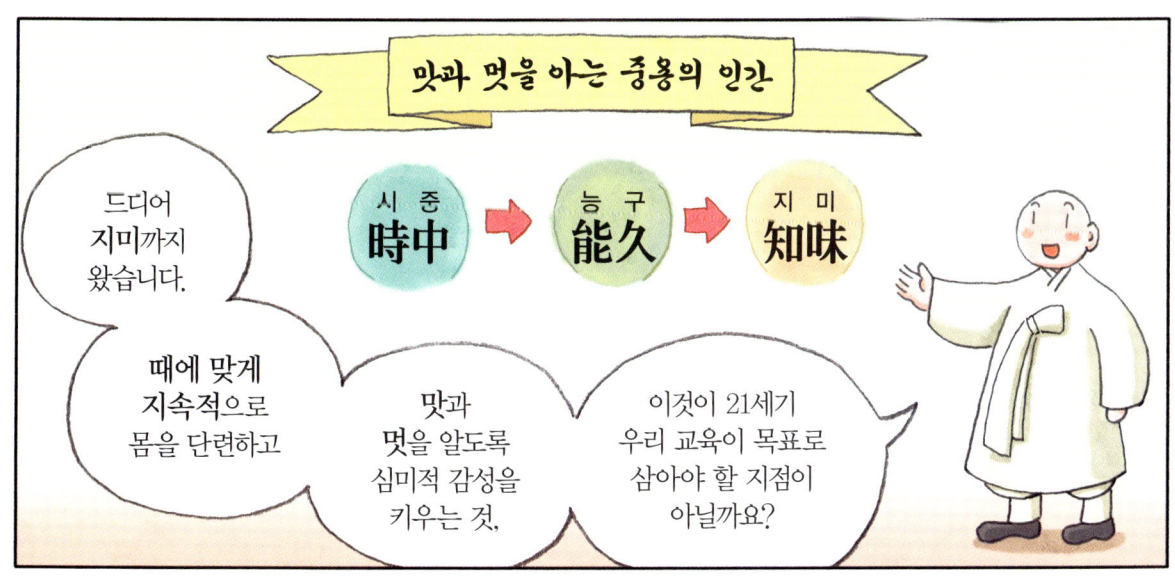

제5장 道其不行章
도기불행장

1 공자께서 말씀하셨다:

"아~ 진실로 도道가 행하여지질 않는구나!"

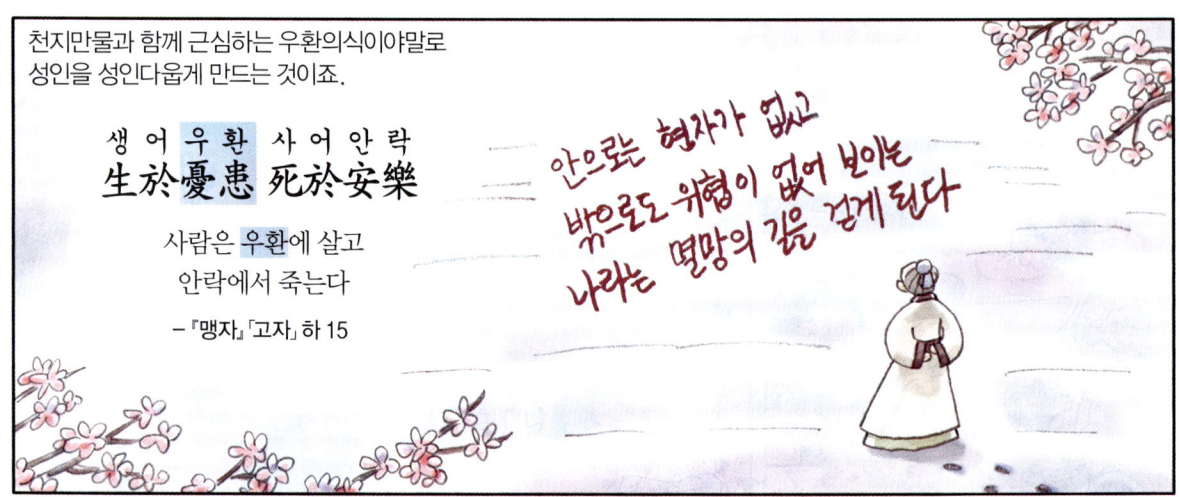

제6장 순기대지장
舜其大知章

1 공자께서 말씀하셨다:

"순임금은 크게 지혜로우신 분이실진저!

순임금께서는 무엇이든지 묻기를 좋아하셨고
비근한 말들을 살피기를 좋아하셨다.
사람들의 추한 면은 덮어주시고 좋은 면을 잘 드러내주셨다.

어느 상황이든지 그 양극단을 모두
고려하여 그 중中을 백성에게 적용하셨다.
이것이 바로 그 분께서 순舜이 되신 까닭이로다!"

子曰: "舜其大知也與!
자왈　순기대지야여

6-1

공자께서 말씀하셨다:

"순임금은 크게 지혜로우신 분이실진저!

> 공자는 도가 행하여지고 밝혀지는 **도행·도명**의 사례를

> 순이라는 탁월한 지도자를 들어 말하고 있습니다.

순임금의 지혜로움을 찬양하면서

이름: **중화重華**

세상을 이끌어가는 지도자들이 크게 지혜로워야 한다는 것을 역설하고 있죠.

> 크게 아는 사람이 지도자가 되어야 한다.

> 그렇다면 **크게 안다**는 것은 도대체 무엇일까요?

舜好問而好察邇言, 隱惡而揚善, 執其兩端, 用其中於民.
순 호 문 이 호 찰 이 언   은 오 이 양 선   집 기 양 단   용 기 중 어 민

순임금께서는 무엇이든지 묻기를 좋아하셨고 비근한 말들을 살피기를 좋아하셨다. 사람들의 추한 면은 덮어주시고 좋은 면을 잘 드러내주셨다.

어느 상황이든지 그 양극단을 모두 고려하여 그 중中을 백성에게 적용하셨다.

知 = 智

크게 아는 것(大知)은 곧 큰 지혜(大智)이죠.

호문·호찰이언·은오이양선·집기양단이 곧 대지의 내용입니다.

우선, 대지의 가장 첫 번째 조건은 호문입니다.

호 문
好問
묻기를 좋아하다

순은 아버지에게 천자의 자리를 물려받은 사람이 아닙니다. 족보로 따져도 오랑캐의 후손이었죠.

순은 동이東夷의 사람이다.
-『맹자』「이루」하1

순이 깊은 산속에서 살 때, 집에는 나무와 돌밖에 없고 밖에 나가면 사슴과 돼지와 같이 놀았으니, 진실로 심산의 야인과 다를 바 없었다.
-「진심」상 16

선양禪讓: 천자의 지위를 혈통이 아닌 능력자에게 물려주는 것

깊은 산중의 야인과도 같았던 순은 배움에 대한 열정이 남달랐습니다.

(순임금께서는)
한 번이라도 좋은 말씀을 듣거나
한 번이라도 선한 행동을 보게 되면,
그 마음의 자세가 마치 큰 강의 제방이 터져
물이 패연하게 쏟아져 나오는 듯하여
아무도 그를 막을 수 없었다.
— 「진심」 상 16

원래 학문이란 물음으로써 배우는 것입니다.

學問 = 問學

호문은 끊임없이 가슴을 열고 다른 사람의 의견을 들으려는 태도이죠.

好問 = 好學

물어라! 묻기를 좋아하라!

물음을 통하여 나의 앎을 형성해 나가는 것이 지도자의 가장 중요한 덕성입니다.

묻는 것이라면 둘째 가라면 서러워했을 아테네의 소크라테스는
"소크라테스보다 더 지혜로운 사람은 없다"는 델포이 신전의 신탁을
겸손하게 반증하기 위해 변증법적 화술로 무장한 채
지혜로운 자를 찾아 도장 깨기에 나섰죠.

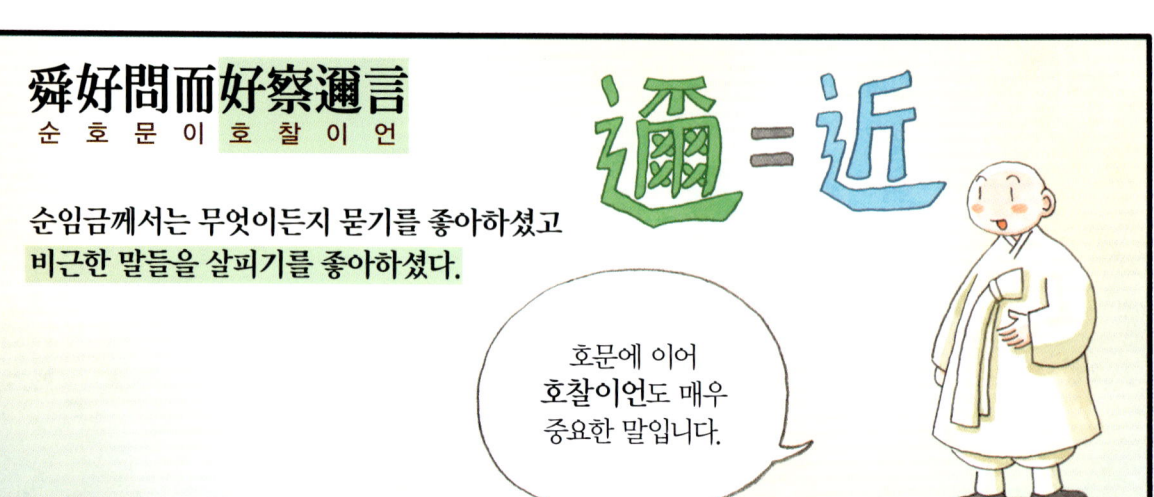

순임금은 일상 속에서 자신을 비우고 남의 말을 들을 줄 아는
민주적인 리더였습니다.

공자의 제자 자로는 타인이 잘못을 지적해주면 곧 기뻐하였다.
우임금은 남에게 선한 말을 들으면 곧 절하였다.

대순임금께서는 이보다 더 위대한 측면이 있으셨으니,
선善을 항상 남들과 공유하셨으며 자기를 비우고 남을 따랐으며,
남에게 배울 것이 있으면 취하여 선을 실천하는 것을 낙으로 삼으셨다.

밭 갈고 곡식 심고 질그릇 굽고 고기 잡던 시절부터
황제가 되어서도 남에게 겸손하게 배우지 않은 적이 없으셨다.
남에게 배워서 선을 실천한다는 것은 결국
남이 선을 행하도록 도와주는 것이다.

그러므로 군자에게 있어 사람들과 함께 선을 행하는 것보다
더 훌륭한 것이란 없다.

- 『맹자』 「공손추」 상8

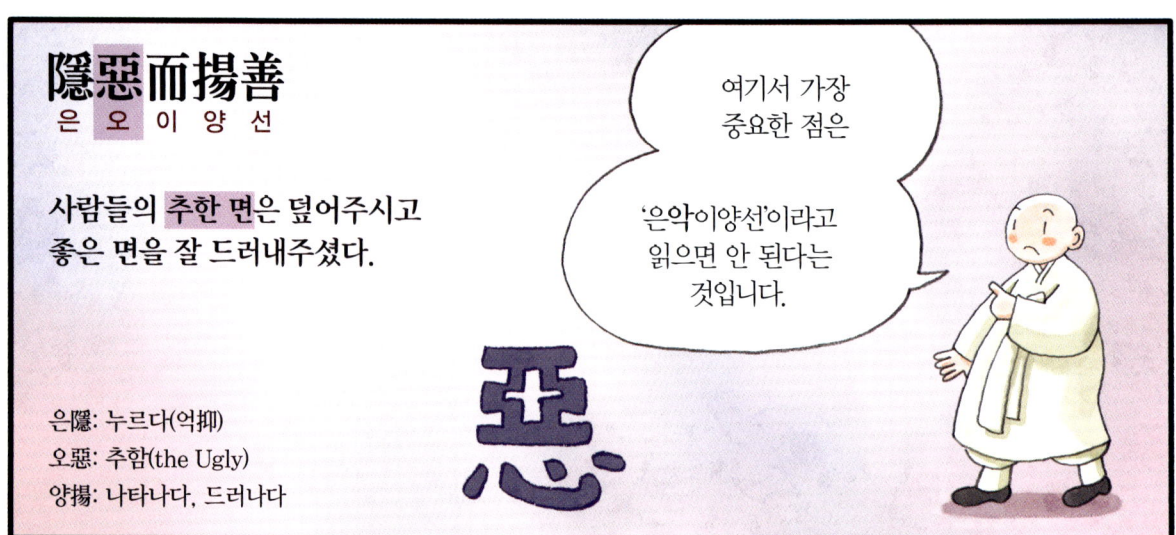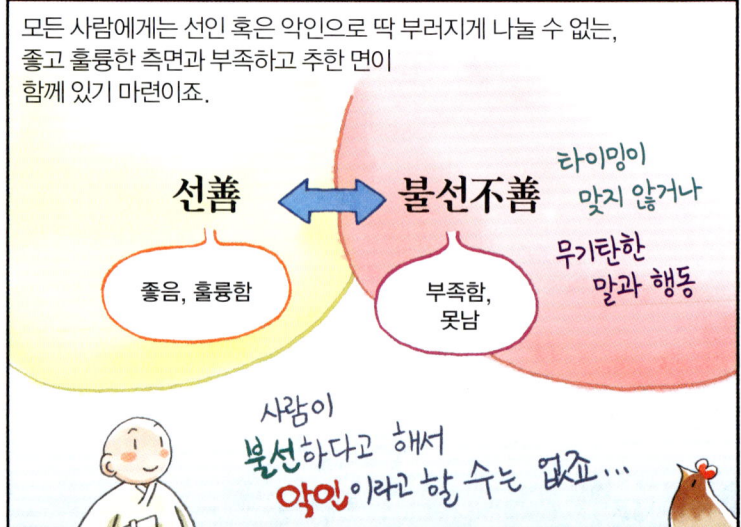

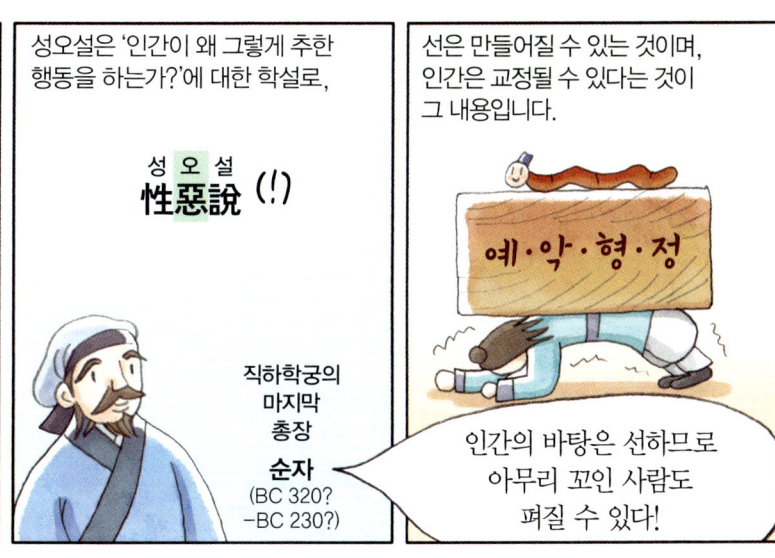

제7장 개왈여지장 皆曰予知章

1 공자께서 말씀하셨다:

"세상 사람들이 모두 나를 보고
순임금처럼 지혜롭다고 말하는데,
나를 휘몰아 그물이나 덫이나 함정 속으로 빠뜨려도
나는 그것을 피하는 방법도 알지 못한다.

세상 사람들이 모두 내가 지혜롭다고 말하는데
나는 중용을 택하여 지키려고 노력해도
불과 만 1개월을 지켜내지 못하는구나!"

子曰: "人皆曰予知, 驅而納諸罟擭陷阱之中, 而莫之知辟也.
자왈　인개왈여지　구이납저고확함정지중　이막지지피야

人皆曰予知, 擇乎中庸, 而不能期月守也."
인개왈여지　택호중용　이불능기월수야

공자께서 말씀하셨다:

"세상 사람들이 모두 나를 보고 지혜롭다고 말하는데,
나를 휘몰아 그물이나 덫이나 함정 속으로 빠뜨려도
나는 그것을 피하는 방법도 알지 못한다.

세상 사람들이 모두 내가 지혜롭다고 말하는데,
나는 중용을 택하여 지키려고 노력해도 불과 만 1개월을
지켜내지 못하는구나!"

여予: 나
고罟: 그물
확擭: 덫
함정陷阱: 동물을 빠뜨리는 구덩이
기월期月: 달이 같은 모습으로 돌아오는 기간(한 달)

중용을 이미
많이 읽은 분이라면

저의 번역을 읽고
깜짝 놀랄 수도 있습니다.

그동안
고주·신주 모두
이 장을 이렇게
해석해왔기
때문이죠.

古注　新注

공자께서 말씀하셨다:

"사람들이 모두 자부하기를 '나는 지혜롭다'고 말하나,
그물이나 함정 속으로 휘몰려 빠지게 되어도
피할 줄을 알지 못하며,

사람들이 스스로 자부하기를 '나는 지혜롭다'고 말하나,
중용을 택하여 만 한 달도 지키지 못한다."

고주　정현
신주　주희　다산

아주 마음 편한
해석이야 ~

제8장 回之爲人章
회지위인장

1 공자께서 말씀하셨다:

"안회의 사람됨이란, 항상 중용을 택하되 하나의 선善한 일이라도 깨닫게 되면, 그것을 진심으로 고뇌하면서 가슴에 품어 잃는 법이 없었다."

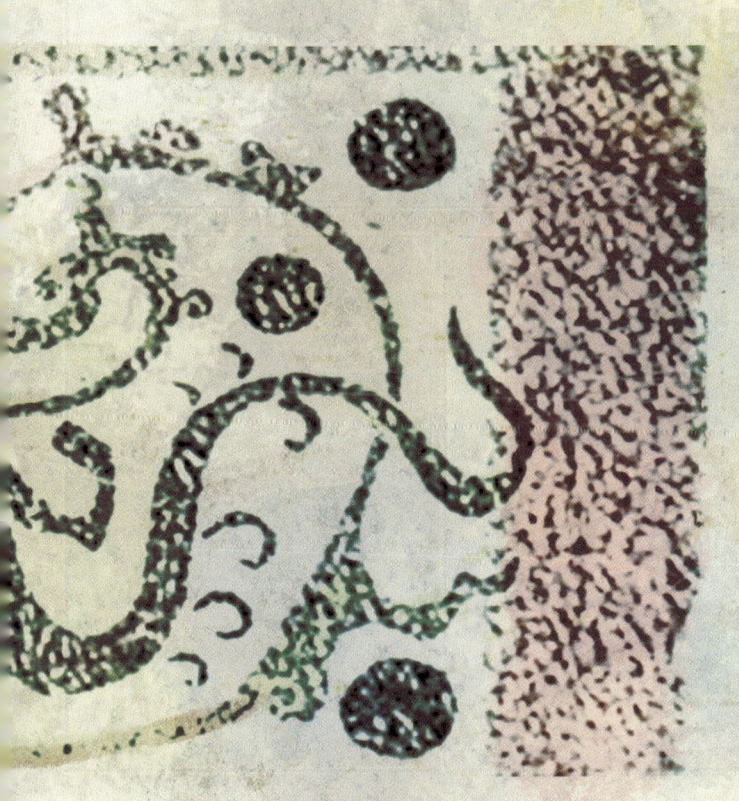

子曰: "回之爲人也, 擇乎中庸, 得一善,
자왈   회지위인야   택호중용   득일선

則拳拳服膺而弗失之矣."
즉 권 권 복 응 이 불 실 지 의

8-1

顏回

공자께서 말씀하셨다:

"안회의 사람됨이란, 항상 중용을 택하되 하나의 좋은 일이라도 발견하게 되면, 그것을 진심으로 고뇌하면서 가슴에 품어 잃는 법이 없었다."

위인爲人: 사람됨
권권拳拳: 정성스럽게 간직하다
복응服膺: 가슴에 품다

공자가 자신의 제자 안회에 대해 극찬하고 있습니다.

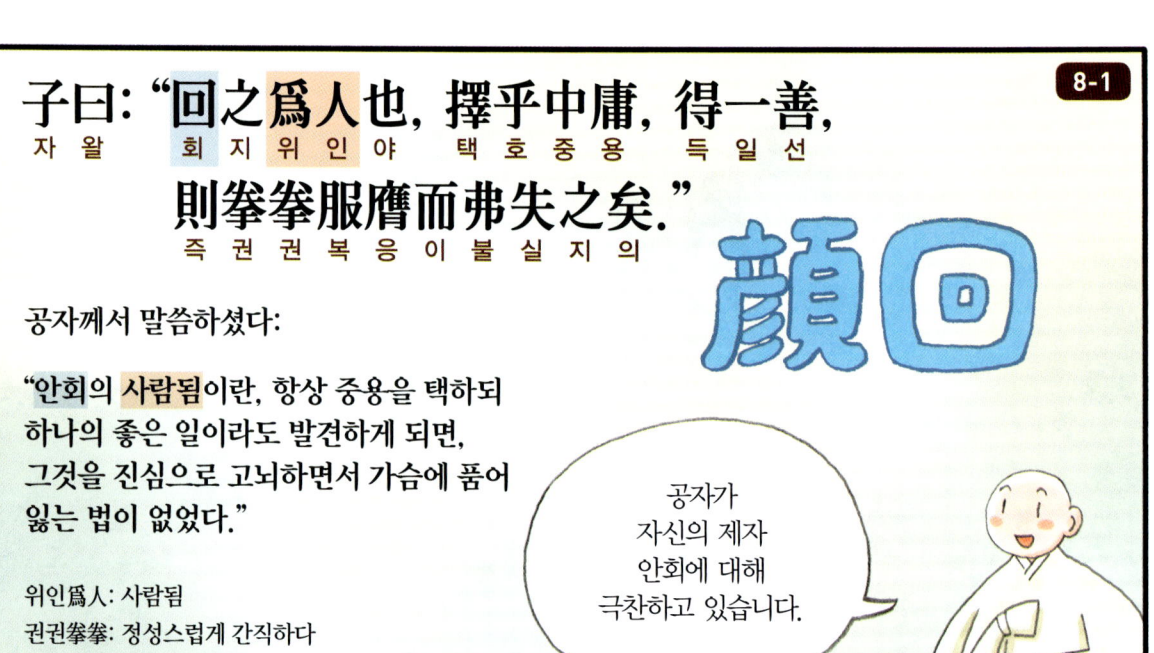

공자는 본시 매우 천하게 자라났고 자유롭게 컸습니다. 그리고 매우 예술적이고 호방한 인물이었죠.
키가 2m가 넘는 거구였기 때문에 술을 먹어도 주량이 뛰어났고
노래를 불러도 성량이 컸습니다.
항상 사람을 압도하는 힘이 거대한 몸집에서 우러나왔죠.

까옥까옥 물수리
저 황하의 모래톱에서
하늘하늘 그윽한
저 새악씨
멋진 사내의
좋은 배필

산똥 따한!
山東大漢
산동 지방의 거인이군!

노래 잘하네~

한잔 걸치셨구만~

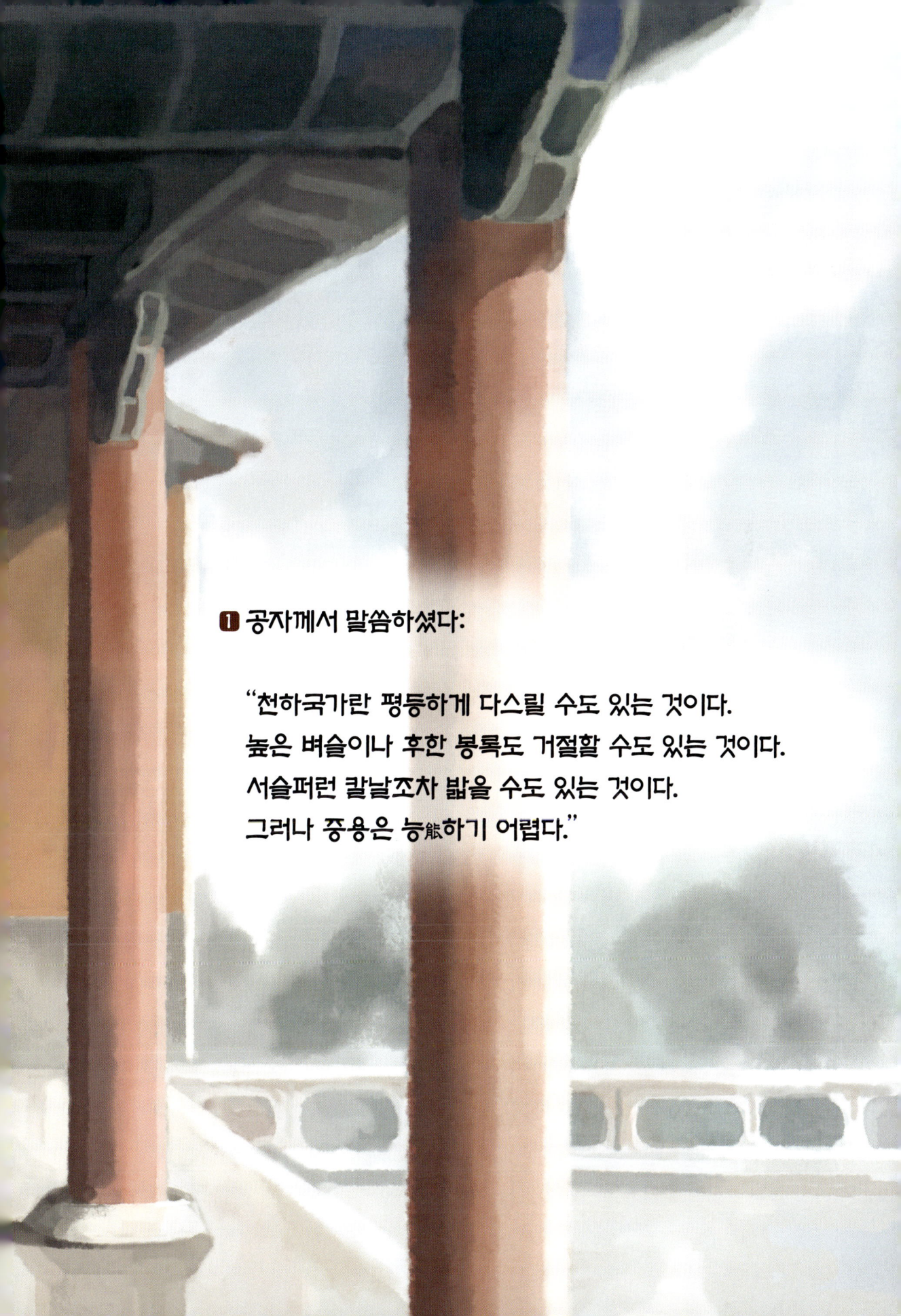

1 공자께서 말씀하셨다:

"천하국가란 평등하게 다스릴 수도 있는 것이다.
높은 벼슬이나 후한 봉록도 거절할 수도 있는 것이다.
서슬퍼런 칼날조차 밟을 수도 있는 것이다.
그러나 중용은 능能하기 어렵다."

子曰: "天下國家可均也, 爵祿可辭也, 白刃可蹈也,
자왈　　천하국가가균야　　작록가사야　　백인가도야

中庸不可能也."
중용불가능야

공자께서 말씀하셨다:

"천하국가란 평등하게 다스릴 수도 있는 것이다.
높은 벼슬이나 후한 봉록도 거절할 수도 있는 것이다.
서슬퍼런 칼날조차 밟을 수도 있는 것이다.

그러나 중용은 능하기 어렵다."

문장 전체에서 세 가지의 가능과 중용의 불가능이 선명하게 대비되고 있습니다.

천하에서 내면의 중용까지, 주어가 지시하는 범위가 점점 줄어드는 데 반해 술어의 느낌은 점점 강렬해지고 있죠.

천하	작록	백인
균등하게 다스리기	작록 거절하기	칼날밟기
가능	가능	가능

그러다가 뚝 떨어지듯 '중용불가능'이 나옵니다.

중용 — 중용의 실천 — 불가능!

저는 고려대학교 교수 시절, 만신 김금화를 초빙하여 강연하게 했고, 직접 그녀가 작두 타는 모습을 본 적도 있습니다.

白刃可蹈也 (백인가도야)

흰 칼날

만신 **김금화**

흰 칼날을 밟아야만 하는 운명을 가진 사람도 있는 것이죠.

공자가 '백인가도야'를 말한 것은 용감한 무인을 모델로 했을 수도 있습니다.

武 무인 자로

인간이란 이상적 정치 실현도 가능하고

부귀영화도 마다할 수 있고

서슬퍼런 칼날조차 밟을 수 있으나,

일상의 매 순간에서 중용을 실현하기란 어려운 법입니다.

제10장 자로문강장 子路問強章

1 자로子路가 강彊에 관하여 공자님께 여쭈었다.

2 공자께서 대답하셨다:

"그대가 묻는 것이 남방의 강彊을 가리키는가?
북방의 강彊을 가리키는가? 그렇지 않으면
그대 자신이 지향하는 강彊을 가리키는가?

3 너그러움과 유순함으로써 가르쳐주고,
무도無道함에 보복하지 않는 것이 남방의 강彊이니,
군자가 이에 거居한다.

4 병기와 갑옷을 입고 전투에 임하여 죽더라도
싫어하지 않는 것은 북방의 강强이다.
네가 말하는 강자强者는 결국 여기에 거居하겠지.

5 그러므로 군자는 화합하면서도 흐르지 않으니,
아~ 그러한 강强이야말로 진정한 강함이로다!

가운데 우뚝 서서 치우침이 없으니,
아~ 그러한 강强함이야말로 진정한 강함이로다!

나라에 도가 있어도 궁색한 시절에
품었던 지조를 변하지 아니 하니,
아~ 그러한 강함이야말로 진정한 강함이로다!

나라에 도가 없어도 평소에 지녔던 절개를
죽음에 이를지언정 변치 아니 하니,
아~ 그러한 강함이야말로 진정한 강함이로다!"

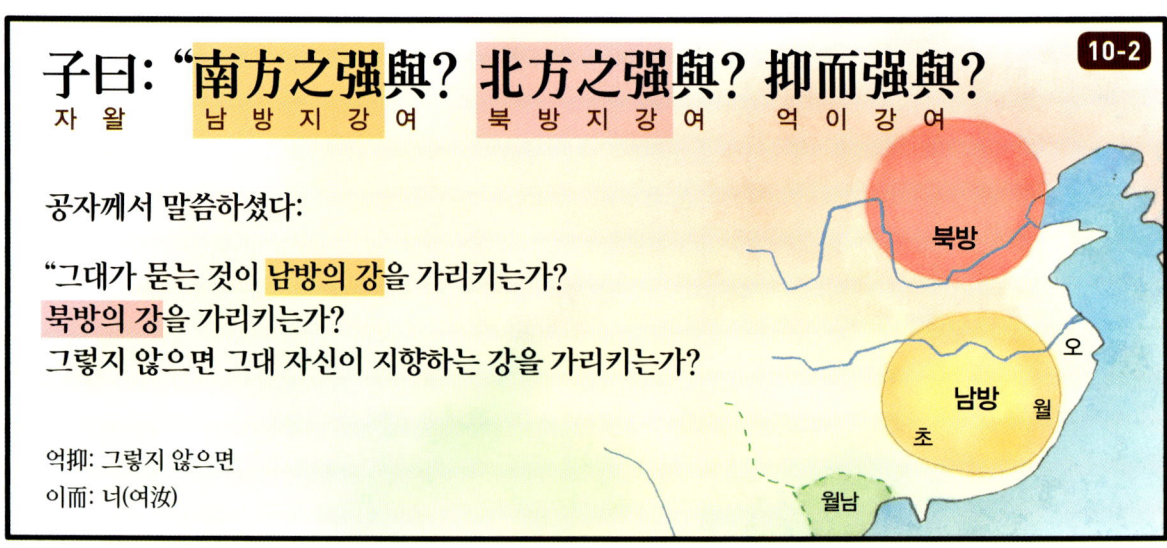

子曰:"南方之强與? 北方之强與? 抑而强與?
자왈 남방지강여   북방지강여   억이강여

공자께서 말씀하셨다:

"그대가 묻는 것이 **남방의 강**을 가리키는가?
북방의 강을 가리키는가?
그렇지 않으면 그대 자신이 지향하는 강을 가리키는가?

억抑: 그렇지 않으면
이而: 너(여汝)

공자는 당시 동서남북을 다 돌아다녔기 때문에 지역적 특성에 대해 관심이 많았습니다.

흔히 남방의 기질이 유순하면서 부드러운 데 반해

융통성 · 관대

휘어지지만 부러지지 않는 간디 · 호치민 스타일

북방의 기질은 성질이 급하고 싸우길 좋아한다고 하죠.

승부를 내자!

베트남은 원래 **남월**로, 월나라의 월족과 깊은 관계에 있는 나라입니다.

월越

와신상담하여 최후의 승리자가 된
월왕 구천

베트남의 독립과 통일을 위한 전쟁을 승리로 이끈
호치민
(1890-1969)

남월南越

衽金革, 死而不厭, 北方之强也. 而强者居之.
임 금 혁 사 이 불 염 북 방 지 강 야 이 강 자 거 지

10-4

병기와 갑옷을 입고 전투에 임하여 죽더라도 싫어하지 않는 것은 북방의 강이다. 네가 말하는 강이라는 것은 결국 여기에 거하겠지.

임衽: 옷깃을 여미다
금金: 병기, 금속으로 만든 무기
혁革: 가죽으로 만든 갑옷

공자가 본 자로는 북방스타일의 강을 지향하고 있다는 것이죠.

원래 집안이 북방 연나라 출신

'금혁'이라는 말에서 공자와 동시대의 문명으로 가장 호전적이었던 **스키타이문명**을 떠올릴 수 있습니다.

북방기마민족

기마술과 금속 제련 기술이 뛰어났던 스키타이 문명이 공자시대에 이미 중원에 알려져 있었다는 구체적인 근거가 된다고 볼 수 있죠.

호전적이야 전쟁을 너무 잘해...

그러나 북방의 강에 남방의 강을 더하면 진짜 강하겠지~

故君子和而不流, 强哉矯!
고 군 자 화 이 불 류　　강 재 교

그러므로 군자는 화합하면서도 흐르지 않으니, 그러한 강이야말로 진정한 강함이로다!

中立而不倚, 强哉矯!
중 립 이 불 의　　강 재 교

가운데 우뚝 서서 치우침이 없으니, 그러한 강함이야말로 진정한 강함이로다!

國有道, 不變塞焉, 强哉矯!
국 유 도　　불 변 색 언　　강 재 교

나라에 도가 있어도 궁색한 시절에 품었던 지조를 변하지 아니 하니,
그러한 강이야말로 진정한 강함이로다!

國無道, 至死不變, 强哉矯!"
국 무 도　　지 사 불 변　　강 재 교

나라에 도가 없어도 평소에 지녔던 절개를 죽음에 이를지언정 변치 아니 하니,
그러한 강이야말로 진정한 강함이로다!"

교矯: 강을 강조하는 후렴구

10-5

마지막 구절에서 공자는 진정으로 구현해야 할 보편적 강에 대해 말하고 있습니다.

和 화이불류

물길을 따라 내려가기만 하고 돌아올 줄 모르는 것

진정으로 강한 사람은 자신의 정체성을 지키면서도 조화를 이룰 줄 아는 사람이죠.

中 중립이불의

이것이 공자가 말하는 진정한 강입니다.

그렇다면 우리 시대의 강, 진정한 용기는 무엇일까요?

대의 - 사회정의 - 인륜에 있어서 **중용**을 지키고 그때그때의 상황에 맞게 **조화**롭게 처신하는 것이 **강함**이다!

제10장 자로문강장

제11장

색은행괴장
素隱行怪章

❶ 공자께서 말씀하셨다:

"숨어 있는 편벽한 것들을 들쑤셔내고, 괴이한 행동을 하면,
후세에 조술祖述될 만큼 이름을 날릴지는 모르겠으나,
나는 그런 짓을 하지 않는다.

❷ 군자가 길을 따라 가다가 중도에 그만두는 일이 있는데,
나는 중도에 그만두는 그런 짓은 할 수 없노라.

❸ 군자는 중용을 실천함을 의지삼아, 세상에 은둔하여
사람들에게 알려지지 아니 한다 할지라도 후회함이 없나니,
이는 오직 성자聖者만이 능할 뿐이로다."

子曰: "素隱行怪, 後世有述焉, 吾弗爲之矣.
자왈 색은행괴 후세유술언 오불위지의

공자께서 말씀하셨다:

"숨어 있는 편벽한 것들을 들쑤셔내고, 괴이한 행동을 하면 후세에 조술될 만큼 이름을 날릴지는 모르겠으나, 나는 그런 짓을 하지 않는다.

색소: (索)들쑤셔내다, 찾아내다
술述: 조술祖述하다, 앞선 사람이 말한 바를 근본으로 하여 적다

색은행괴란, 묵묵히 노력하지 않고 이름을 남기고 싶어 억지로 튀는 행동을 하는 모든 것을 말합니다.

子不語怪、力、亂、神
자불어괴 력 난 신

공자께서는 괴이한 것과 특별한 힘, 난세의 혼란스러운 현상, 초자연적 신비에 대해 말씀하지 않으셨다.
— 『논어』「술이」 20

색은행괴와 괴력난신은 합리적인 것을 좋아하는 공자가 매우 싫어하는 것이었죠.

君子遵道而行, 半塗而廢, 吾弗能已矣.
군 자 준 도 이 행 반 도 이 폐 오 불 능 이 의

11-2

군자가 길을 따라 가다가 중도에 그만두는 일이 있는데,
나는 그런 짓은 할 수 없노라.

도塗 = 도途 = 도道: The way, 삶의 길, 법칙

『중용』 제1장의 주제가 변형되어 나타나고 있습니다.

떠나면, 그만두면 뭐 할건데?

도가 만약 떠날 수 있다면, 그것은 도가 아니다.
— 제1장

어차피 가야하는 **인생의 길**

배우지 않음이 있을지언정, 배울진대 능하지 못하면 도중에 포기하지 않는다.
— 제20장

공자는 **반도이폐** 또한 싫어했죠.

색은행괴 하지 않고 중도에 포기하지 않는 삶이 중용적 삶입니다.

오직 정도를 따라 걷는다! 헛둘

올바른 길

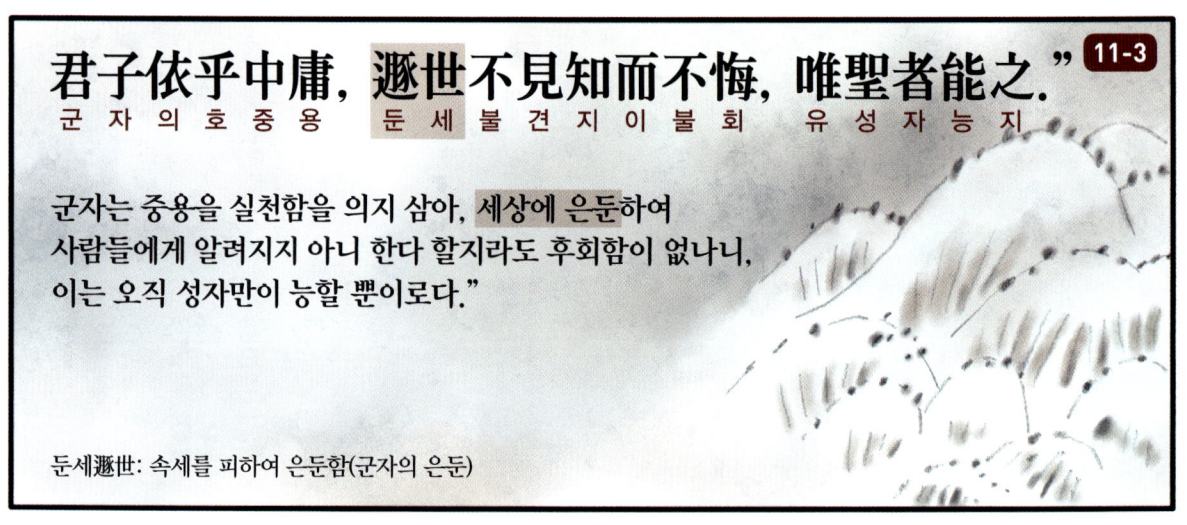

君子依乎中庸, 遯世不見知而不悔, 唯聖者能之."
군자의호중용 둔세불견지이불회 유성자능지

11-3

군자는 중용을 실천함을 의지 삼아, 세상에 은둔하여
사람들에게 알려지지 아니 한다 할지라도 후회함이 없나니,
이는 오직 성자만이 능할 뿐이로다."

둔세遯世: 속세를 피하여 은둔함(군자의 은둔)

튀는 짓을 하지 않고
꾸준히 쉼 없이 도를
실천하는 사람들은

남이 알아주는
기회가 상대적으로
적을 수밖에 없죠.

남이 나를 알아주지 않는다는 고독감은 견디기 어렵습니다.

설마 이 길에
나 혼자뿐인 건
아니겠지?

그러나 공자는 『논어』의 첫 장을 이렇게 마무리하고 있죠.

인 부 지 이 불 온
人不知而不慍

남이 알아주지 않아도
노여워하지 않는다.
- 「학이」1

스스로 세상을 등지는 은둔은 군자만이 할 수 있는 군자의 특권입니다.

공자께서 말씀하셨다.
"용의 덕성을 지녔으면서도 숨어 있는 자이다.
그는 세상을 바꾸려고 하거나 세상에 따라 자신을 바꾸려고
하지 않으며 또 자신의 이름을 세상에 드러내려고 하지 않는다.

세상을 은둔하고 살아도 마음에 언짢음이 없으며,
옳음을 인정받지 못해도 억울해 함이 없다.
세상에 도가 있어 즐거운 마음이 생기면 나아가 행하고,
세상에 도가 없어 근심스러운 마음이 생기면 물러가 미련을 버린다.

이와 같이 하여 확고하게 자신의 의지가 흔들리지 아니 하는 자,
그가 바로 **잠룡潛龍**이다.

- 『주역』「문언」

잠룡으로 살다 잠룡으로 죽는 게 인생~

유교의 성인은 완벽한 인격을 완성한 사람이 아니라

남이 알아주지 않아도 꾸준히 자기 일을 해 나가는 사람을 말합니다.

제11장 색은행괴장

제12장 부부지우장 夫婦之愚章

❶ 군자의 도道는 명백하게 드러나 알기 쉬운 듯하면서도 가물가물 숨겨져 있다.

❷ 보통 부부夫婦의 어리석음으로도
가히 더불어 군자의 도道를 알 수 있는 것이어늘,
그 도道의 지극함에 이르게 되면 비록 성인이라 할지라도
또한 알지 못하는 바가 있다.

보통 부부夫婦의 못남으로도
가히 더불어 군자의 도道를 실행할 수 있는 것이어늘,
그 도道의 지극함에 이르게 되면 비록 성인이라 할지라도
또한 실행하지 못하는 바가 있다.

너무도 너무도 거대한 천지의 불확정성에 관하여
평범한 사람들은 유감을 가지고 있을 수도 있다.

그러므로 대소大小 우주의 경지를 통달한 군자가
거대한 것을 말하면 천하天下가 능히 그것을 싣지 못하며,
극소한 것을 말하면 천하天下가 능히 그것을 깨지 못한다.

3 시詩는 말한다:

"솔개는 치솟아 하늘에 다다르고, 고기는 연못에서 뛰어오른다."

이것은 그 도道가 위와 아래에 모두 찬란하게 드러남을 은유한 것이다.

4 군자의 도道는 부부간의 평범한 삶에서 발단되어 이루어지는 것이니, 그 지극함에 이르게 되면 하늘과 땅에 꽉 들어차 빛나는 것이다.

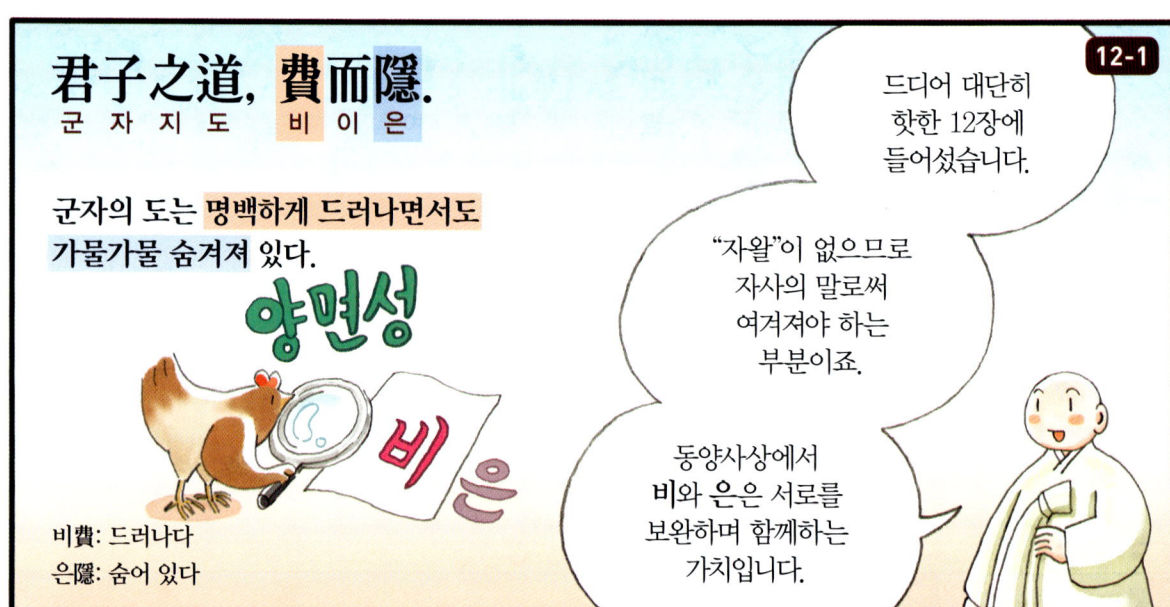

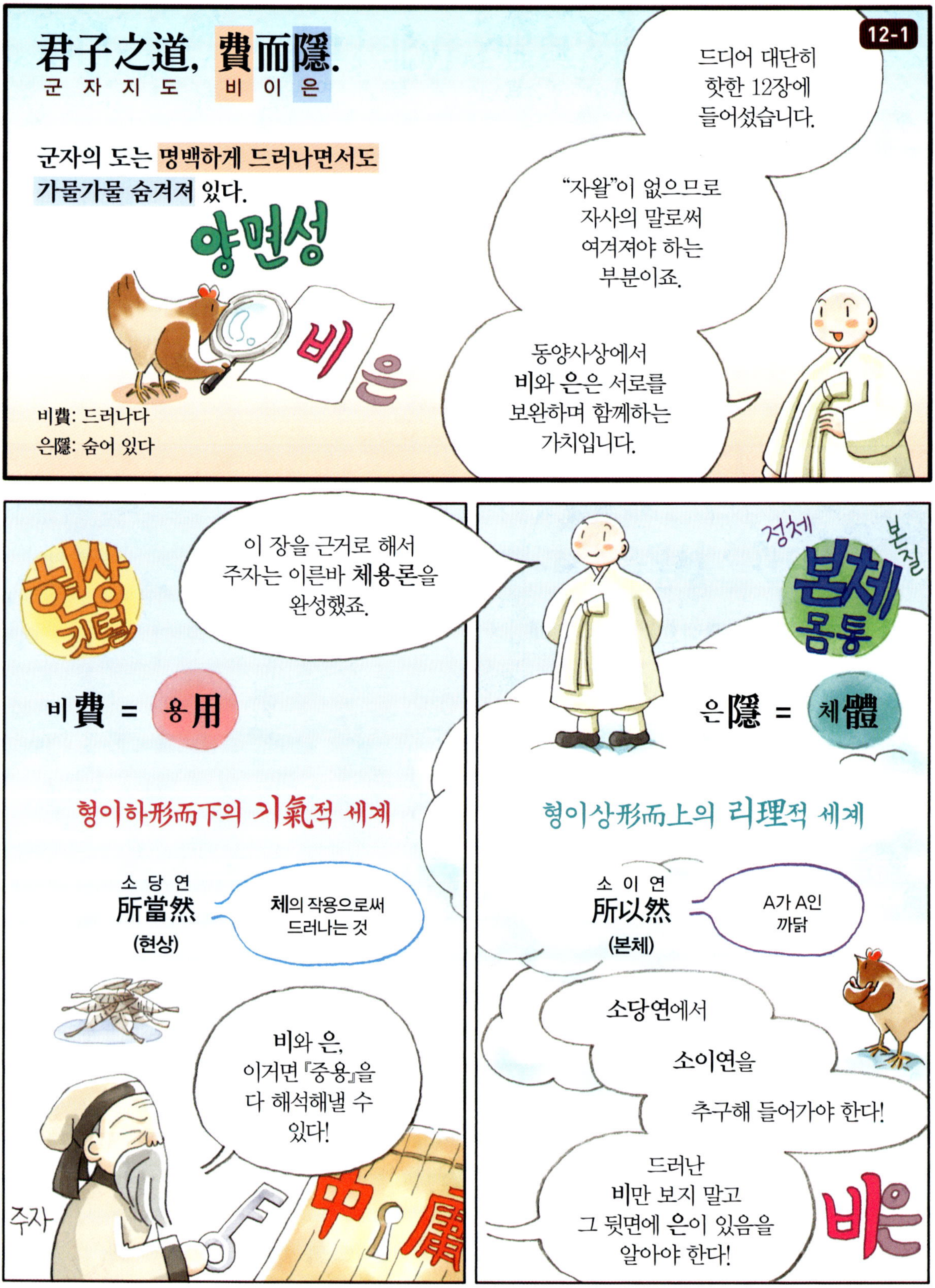

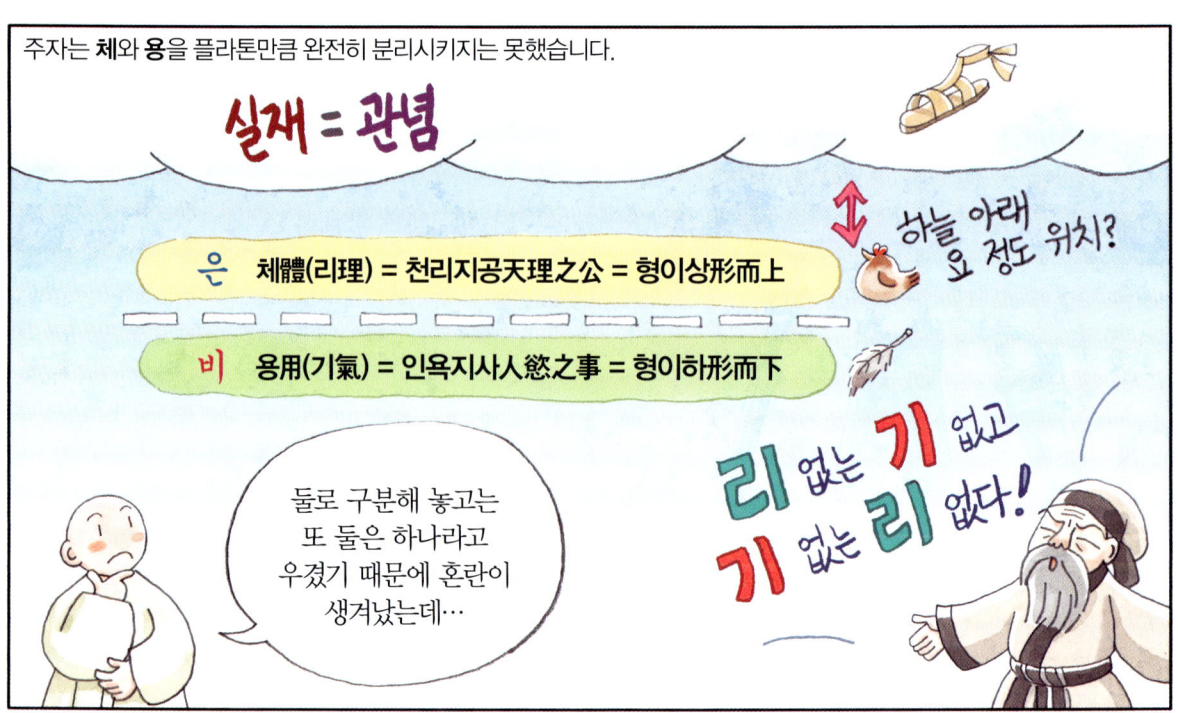

夫婦之愚, 可以與知焉, 及其至也, 雖聖人亦有所不知焉;
부부지우　가이여지언　급기지야　수성인역유소부지언

夫婦之不肖, 可以能行焉, 及其至也, 雖聖人亦有所不能焉.
부부지불초　가이능행언　급기지야　수성인역유소불능언

보통 부부의 어리석음으로도 가히 더불어 군자의 도를 알 수 있는 것이어늘,
그 도의 지극함에 이르게 되면 비록 성인이라 할지라도 또한 알지 못하는 바가 있다.

보통 부부의 못남으로도 가히 더불어 군자의 도를 실행할 수 있는 것이어늘,
그 도의 지극함에 이르게 되면 비록 성인이라 할지라도 또한 실행하지 못하는 바가 있다.

12-2

제12장 부부지우장

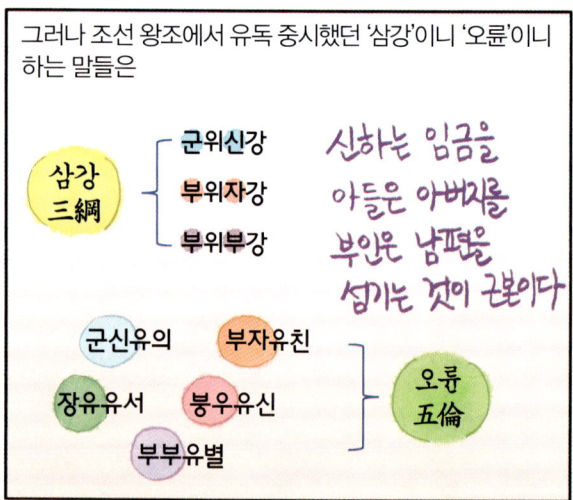

공자 시대에 이미 남성성 보다 여성성을 우위에 두었던 도가道家의 경우, 하나님을 오직 남성성으로만 파악했던 서구사상과 큰 차이가 있습니다.

흔히 부자나 형제관계를 부부보다 훨씬 더 본질적인 관계라고 생각하기 쉽습니다.

그리고 군신관계는 어차피 사회적 계약관계이죠.

그러나 '나'라는 존재는 아버지와 엄마의 부부관계 없이는 있을 수 없습니다.

따라서 부부야말로 모든 생성의 근원이며,
가장 근본적인 관계인 것이죠.

생 생 지 위 역
生生之謂易   생하고 또 생하는 우주의 창조력을
          역이라고 한다.

일 음 일 양 지 위 도
一陰一陽之謂道 끊임없는 음양의 교섭으로 이루어지는
           창조력을 도라고 한다.

― 『주역』「계사」 5

天地之大也, 人猶有所憾.
천 지 지 대 야   인 유 유 소 감

故君子語大, 天下莫能載焉; 語小, 天下莫能破焉.
고 군 자 어 대   천 하 막 능 재 언   어 소   천 하 막 능 파 언

너무도 거대한 천지의 불확정성에 관하여 평범한 사람들은 유감을 가지고 있을 수도 있다.

그러므로 군자가 거대한 것을 말하면 천하가 능히 그것을 싣지 못하며,
극소한 것을 말하면 천하가 능히 그것을 깨지 못한다.

거대한 천지가 몰고 오는 천재지변을 인간이 항상 예측할 수 있는 것은 아니기에 유감스럽거나 경외의 감정을 가질 수 있죠.

이것은 노자가 말하는 **천지불인**사상의 다른 표현일 수도 있습니다.

천지불인
天地不仁
하늘과 땅은 어질지 않다
(불확정적이다)
-『노자』5장

그래서 군자가 '거대한 세계'와 '극소한 세계'를 말해도 천하의 보통 사람들은 그것을 담아내지 못하죠.

이 '거대한 세계'와 '극소한 세계'도 결국 하나의 생명의 진리로 통한다는 것을 보여주기 위해『시』가 인용됩니다.

詩云: "鳶飛戾天, 魚躍于淵." 言其上下察也.
시 운 연비려천 어약우연 언기상하찰야

시는 말한다:

"솔개는 치솟아 하늘에 다다르고, 잉어는 연못에서 튀어 오른다."

이것은 그 도가 위와 아래에 모두 찬란하게 드러남을 은유한 것이다.

연鳶: 솔개
여(려)戾: 다다르다
비약飛躍: 생명의 도약, 약진, 약동

부부지도의 본질인 우주에 가득 찬 생명의 발랄함을

시에 빗대어 한 폭의 그림처럼 말하고 있습니다.

놀랍게도 조지 거슈인의 오페라 『포기와 베스』에 나오는
'썸머타임'(빌리 할러데이가 리메이크)의 가사가
중용의 이 구절과 매우 흡사합니다.

Summertime

Summertime, and the living is easy.
Fish are jumping and the cotton is high.
Oh your daddy's rich,
and your mam is good looking.
So hush little baby, don't you cry

One of these mornings
You're gonna rise up singing.
Then you'll spread your wings
and you'll take the sky.
But till that morning
there is nothing can harm you.
With daddy and mammy standing by.

썸머타임

여름은 살기 좋은 계절
물고기는 물 위로 튀어 오르고
목화 꽃은 만발했다.
오, 너의 아빠는 부자고, 엄마는 미인이네.
그러니 아가야 울지 말거라.

어느 날 아침,
너는 콧노래를 부르며 일어날 거고
그 때 너는 너의 날개를 펴고
저 푸른 하늘을 너의 가슴에 품게 되겠지.
그날 아침이 오기 전까진
누구도 너를 해치지 못할 거야.
아빠와 엄마가 너를 지켜주고 있으니까.

- 『포기와 베스』 1935년 초연

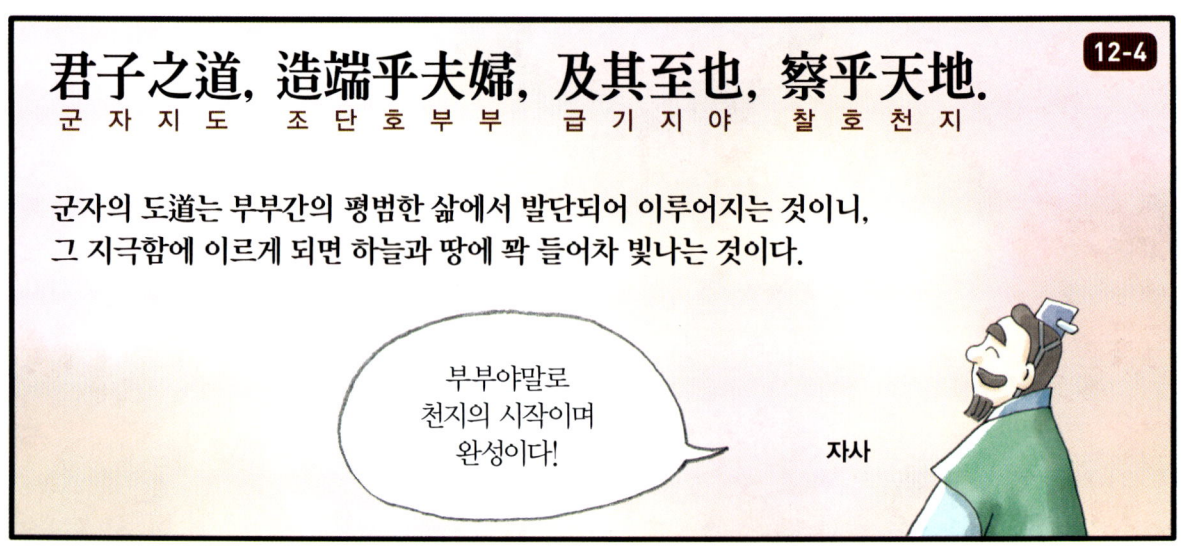

제13장 도불원인장 道不遠人章

❶ 공자께서 말씀하셨다:

"도道는 사람에게서 멀리 있지 아니 하다.

사람이 도를 실천한다 하면서
도가 사람에게서 멀리 있는 것처럼 생각한다면
그는 결코 도를 실천하지 못할 것이다.

❷ 시詩는 말한다:

'도끼자루를 베네. 도끼자루를 베네.
그 벰의 법칙이 멀리 있지 않아.'

도끼가 꽂힌 도끼자루를 잡고 새 도끼자루를
만들려고 할 때에는 자기가 잡고 있는 도끼자루를
흘깃 보기만 해도 그 자루 만드는 법칙을 알 수 있는 것이어늘,

오히려 그 법칙이 멀리 있다고 생각하니
얼마나 어리석은 일인가!

그러므로 군자는 사람의 도리道理를 가지고서
사람을 다스릴 뿐이니,
사람이 스스로 깨달아 잘못을 고치기만 하면
더 이상 다스리려고 하지 않는다.

3 충서忠恕는 도道로부터 멀리 있지 아니 하다.
자기에게 베풀어보아 원하지 아니 하는 것은 또한
남에게도 베풀지 말지어다.

4 군자君子의 도道는 넷이 있으나,
나 구丘는 그 중 한 가지도 능하지 못하도다!
자식에게 바라는 것으로써 아버지를 잘 섬겼는가?
나는 이것에 능하지 못하도다.

신하에게 바라는 것으로써 임금을 잘 섬겼는가?
나는 이것에 능하지 못하도다.

아우에게 바라는 것으로써 형님을 잘 섬겼는가?
나는 이것에 능하지 못하도다.

붕우에게 바라는 것을 내가 먼저 베풀었는가?
나는 이것에 능하지 못하도다.

사람이란 모름지기 항상스러운 범용의 덕을 행하며
항상스러운 범용의 말을 삼가하여야 한다.

이에 부족함이 있으면 감히 힘쓰지 아니 할 수 없는 것이요,
이에 여유로움이 있으면 절제하고 조심하여
감히 자고自高치 아니 하여야 할 것이다.

언言은 반드시 행行을 돌아보아야 하며,
행行은 반드시 언言을 돌아보아야 하니,
군자가 어찌 삼가하여 독실篤實하지
아니 할 수 있으리오!"

子曰: "道不遠人. 人之爲道而遠人, 不可以爲道.
자왈   도불원인   인지위도이원인   불가이위도

공자께서 말씀하셨다:

"도는 사람에게서 멀리 있지 아니 하다.

사람이 도를 실천한다 하면서 도가 사람에게서 멀리 있는 것처럼 생각한다면 그는 결코 도를 실천하지 못할 것이다.

'도는 잠시도 떨어질 수 없다'고 했던

제1장의 '가리비도야'와 연결지어 생각할 수 있는 장입니다.

可離非道也

공자가 인仁의 덕성을 누구에게도 쉽게 허여하지 않다가도

인하냐고?

자로는 글쎄…

자공은 별로…

염구도 쫌…

— 「공야장」 7

내가 마음만 먹으면 언제든지 구현할 수 있는 덕성으로 본 것과 같은 맥락으로 볼 수 있습니다.

인이 멀리 있다구?

내가 원하면 당장 나에게로 달려오는 것인데?

— 「술이」 29

詩云: '伐柯伐柯, 其則不遠.'
시 운　벌 가 벌 가　기 칙 불 원

시詩는 말한다:

'도끼자루를 베네. 도끼자루를 베네.
그 벰의 법칙이 멀리 있지 않아.'

벌伐: 베다
가柯: 도끼 자루, 손잡이
칙則: 법칙

제13장 도불원인장

執柯以伐柯, 睨而視之, 猶以爲遠. 故君子以人治人, 改而止.
집가이벌가　예이시지　유이위원　고군자이인치인　개이지

도끼를 들고 새 도끼자루를 만들려고 할 때에는 자기가 잡고 있는
도끼자루를 흘깃 보기만 해도 그 자루 만드는 법칙을 알 수 있는 것이어늘,
오히려 그 법칙이 멀리 있다고 생각하니 얼마나 어리석은 일인가!

그러므로 군자는 **사람의 도리를 가지고서 사람을 다스릴 뿐이니**,
사람이 스스로 깨달아 잘못을 고치기만 하면 더 이상 다스리려고 하지 않는다.

여기서는 '도끼자루를 만드는 법칙'이 내 손에 든 도끼에 있는 것처럼

도가 사람에게서 멀리 있지 않다는 것을 나타내고자 하는 맥락에서 인용되고 있죠.

'사람을 다스리는 법칙'도 사람 안에 있는 것입니다.

그 다스림의 목표는 지배하는 것이 아니라 백성의 자발성을
이끌어내 스스로 허물을 고치게 하는 것일 뿐이죠.

개 이 지
改而止　(백성이) 잘못을 고치면
　　　　 (다스림을) 그만 둔다

제13장 도불원인장

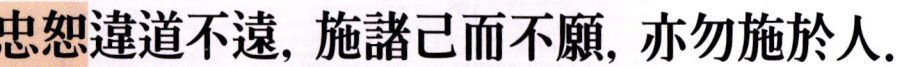

君子之道四, 丘未能一焉: 所求乎子, 以事父, 未能也;
군 자 지 도 사　구 미 능 일 언　소 구 호 자　이 사 부　미 능 야

所求乎臣, 以事君, 未能也; 所求乎弟, 以事兄, 未能也;
소 구 호 신　이 사 군　미 능 야　소 구 호 제　이 사 형　미 능 야

所求乎朋友, 先施之, 未能也.
소 구 호 붕 우　선 시 지　미 능 야

군자의 도는 넷이 있으나, 나 구는 그 중 한 가지도 능하지 못하도다!
자식에게 바라는 것으로써 아버지를 잘 섬겼는가?
나는 이것에 능하지 못하도다.

신하에게 바라는 것으로써 임금을 잘 섬겼는가?
나는 이것에 능하지 못하도다.

아우에게 바라는 것으로써 형님을 잘 섬겼는가?
나는 이것에 능하지 못하도다.

붕우에게 바라는 것을 내가 먼저 베풀었는가?
나는 이것에 능하지 못하도다.

군자의 도에는 네 가지가 있는데 나 짱구는 하나도 제대로 실천하지 못했구나!

공자 이름
: 구丘

庸德之行, 庸言之謹, 有所不足, 不敢不勉, 有餘不敢盡.
용덕지행 용언지근 유소부족 불감불면 유여불감진

言顧行, 行顧言, 君子胡不慥慥爾!"
언고행 행고언 군자호부조조이

사람이란 모름지기 용덕을 행하며 용언을 삼가야 한다.
이에 부족함이 있으면 감히 힘쓰지 아니 할 수 없고,
이에 여유로움이 있으면 절제하여 감히 스스로를 높이지 말아야 할 것이다.

언은 반드시 행을 돌아보아야 하며, 행은 반드시 언을 돌아보아야 하니,
군자가 어찌 조심하여 독실하지 아니 할 수 있으리오!"

용덕庸德: 평범하고 항상스러운 덕   용언庸言: 평범하고 믿을 수 있는 말   조조慥慥: 조심스럽게 삼가는 모습

공자의 탄식과 반성은 행동과 말을 삼가야 한다는 것으로 마무리 되고 있습니다.

공자는 교묘한 말과 꾸민 표정을 가장 싫어했죠.

제가 당선이 되면…

저, 저…

믿을 수 없는 교언!

공자와 자사는 '언행일치'라는 말은 하지 않습니다.
단지 '말은 행동을 돌아보고 행동은 말을 돌아봐야 한다'고 말하죠.

언행일치
言行一致 (?)

언고행 행고언
言顧行 行顧言 (!)

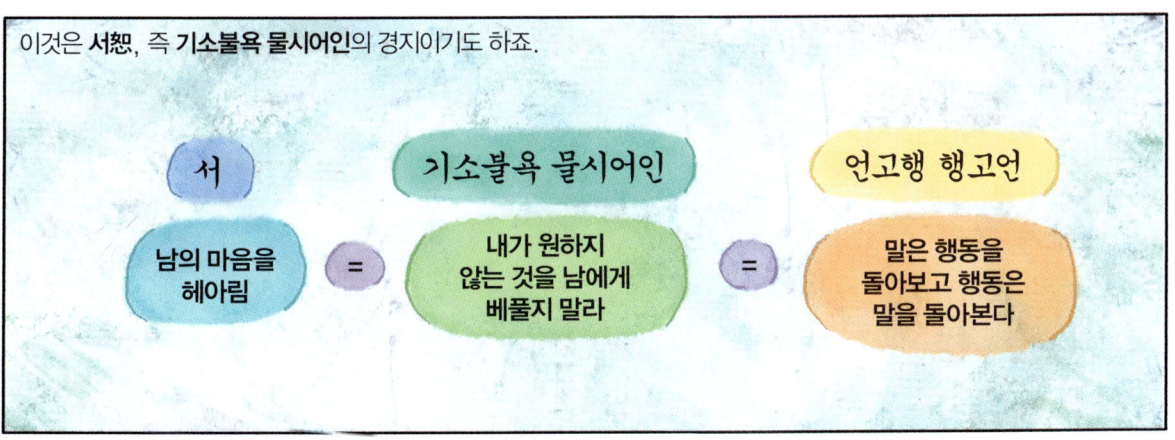

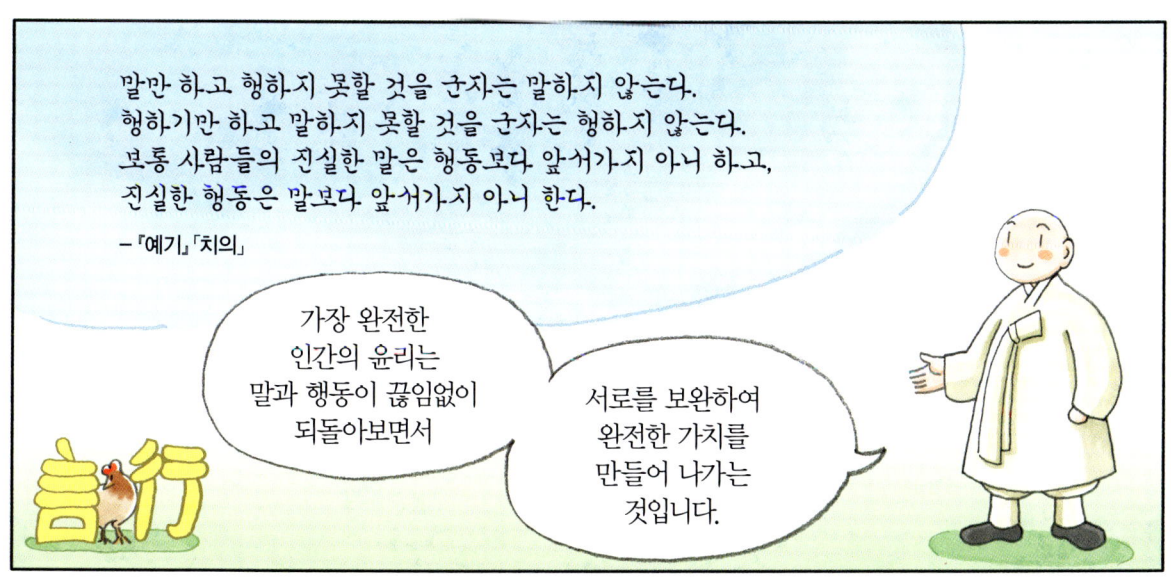

제14장 不怨不尤章 불원불우장

1 군자는 그 자리에 처하여 그 자리에 합당한 행동에
최선을 다할 뿐,
그 자리를 벗어난 환상적 그 무엇에 욕심내지 않는다.

2 부귀에 처해서는 부귀에 합당한 대로 도를 행하며,
빈천에 처해서는 빈천에 합당한 대로 도를 행하며,

이적夷狄에 처해서는 이적夷狄에 합당한 대로 도를 행하며,
환난에 처해서는 환난에 합당한 대로 도를 행한다.

군자는 들어가는 곳마다
스스로 얻지 못함이 없다.

3 윗자리에 있을 때는 아랫사람을 능멸하지 아니 하며,
아랫자리에 있을 때는 윗사람을 끌어내리지 아니 한다.

오직 자기 자신을 바르게 할 뿐,
타인에게 나의 삶의 상황의 원인을 구하지 아니 하니
원망이 있을 수 없다.

위로는 하늘을 원망치 아니 하며,
아래로는 사람을 허물치 아니 한다.

4 그러므로 군자는 평이한 현실에 거居하면서
천명天命을 기다리고,
소인은 위험한 짓을 감행하면서
요행을 바란다.

5 공자께서 말씀하셨다:

"활쏘기는 군자의 덕성과 유사함이 있으니,
활을 쏘아 과녁을 벗어나더라도 오히려
그 이유를 자기 몸에서 구한다."

君子素其位而行, 不願乎其外.
군 자 소 기 위 이 행 불 원 호 기 외

14-1

군자는 그 자리에 처하여 그 자리에 합당한 행동에 최선을 다할 뿐, 그 자리를 벗어난 환상적 그 무엇에 욕심내지 않는다.

소素: 처하다, 놓이다
위位: 지위, 벼슬

> 이 장 역시 '자왈'로 시작되지 않으므로, 자사의 말로 간주됩니다.

위는 정치의 뜻을 펼 수 있는 권력의 자리를 뜻하는데

> 나에게 정확한 지위가 주어지지 않는다면, 정치권 주변을 맴돌지 않겠다!
> - 「태백」 14, 「헌문」 27

공무원이나 정치인은 자신이 맡은 그 자리에 충실할 뿐, 다른 욕심을 내선 안 되죠.

> 군자는 생각이 머물러야 할 자리에 머물러 그 분수를 넘어가지 않는다
> - 「헌문」 28

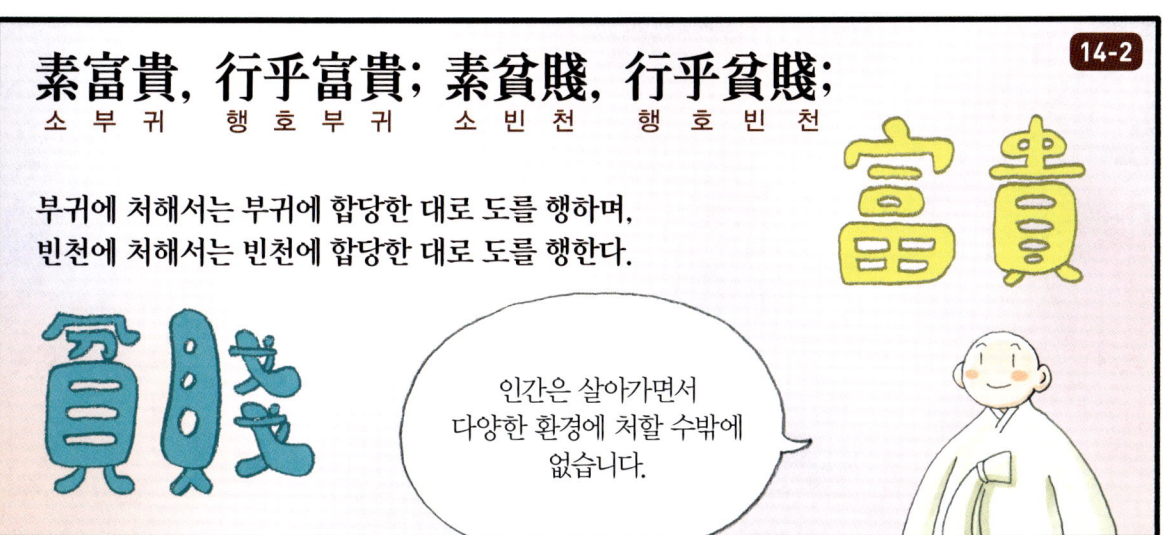

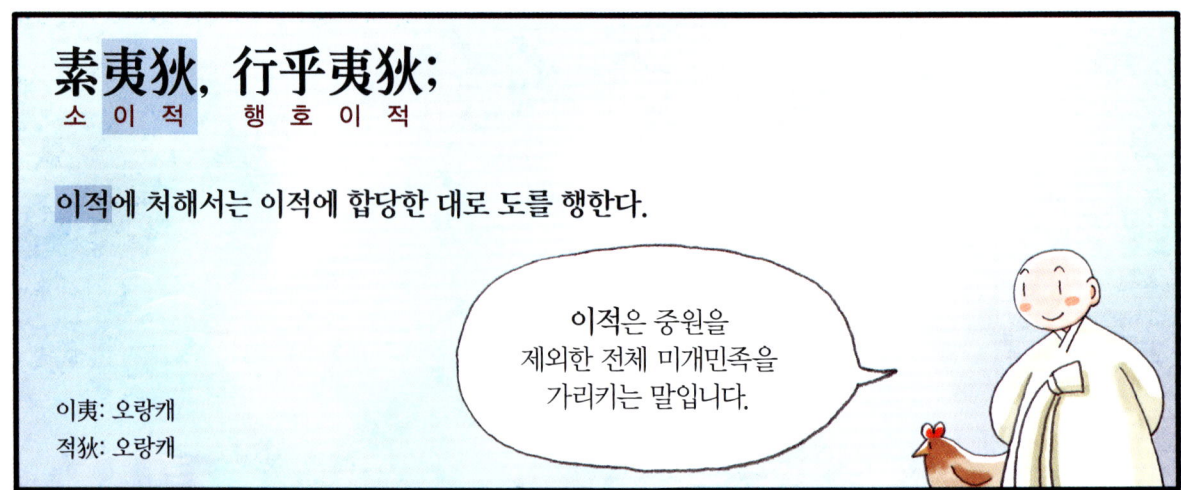

素夷狄, 行乎夷狄;
소 이 적 행 호 이 적

이적에 처해서는 이적에 합당한 대로 도를 행한다.

이적은 중원을 제외한 전체 미개민족을 가리키는 말입니다.

이夷: 오랑캐
적狄: 오랑캐

예로부터 중원의 사람들은 세상을 문명의 수준이 높은 '중원' 지역과 '이적'의 지역으로 구분해 왔죠.

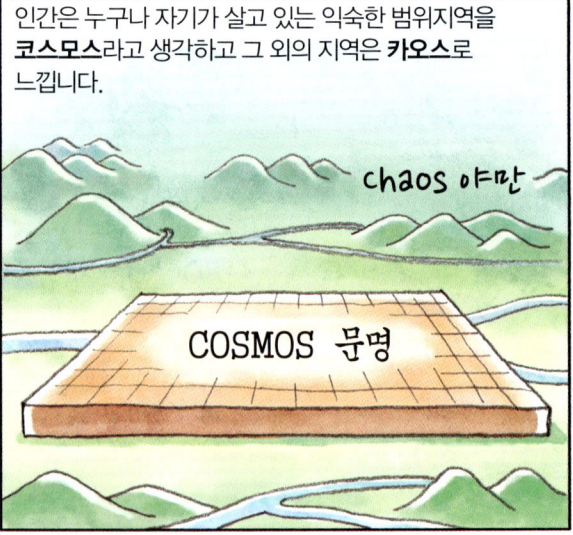

인간은 누구나 자기가 살고 있는 익숙한 범위지역을 **코스모스**라고 생각하고 그 외의 지역은 **카오스**로 느낍니다.

그런데 자사가 이적을 예로 든 것은 중원의 문화적 우월성을 강조하기 위해서가 아닙니다.

각 지역의 문화적 특성을 존중하고 거기에 따르라는 것이죠.

오랑캐 문명에서 살 때에는 오랑캐 문명의 논리에 따라 행동한다

노래를 수집하기 위해 여러 나라를 떠돌았던 공자도
문명과 야만을 지역적으로 구분한 적이 없었고,

공자께서 편벽한 **변방의 아홉 나라**(구이九夷)에 가서
살고 싶어 하셨다.

> 그곳은 누추한 곳인데 어찌 그런 곳에서 살고 싶어 하십니까?

> 군자가 그곳에 거하는데 어찌 누추함이 있을까 보냐!

– 「자한」 13

혹자
(어떤 사람)

공자

지역적 위치가 아닌 도덕적 가치가 문명과 야만의 기준이 되어야 한다고 생각했죠.

자장이 도가 세상에 행하여지는 것에
관하여 여쭈었다.

> 말이 충신하고 그 행동이 독경(착실하고 공손)하면 **오랑캐의 나라**라 할지라도 도가 행하여질 수 있지만,
>
> 그렇지 않다면 자기가 사는 작은 동네에서도 도는 행하여지지 않는다.

– 「위령공」 5

제자
자장

제14장 불원불우장

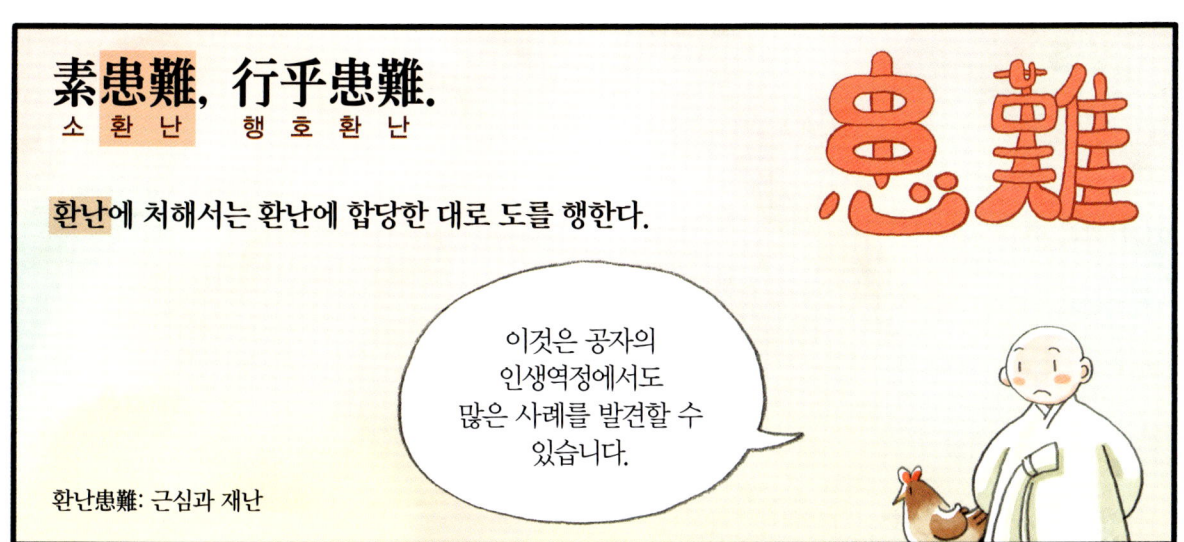

君子無入而不自得焉.
군 자 무 입 이 부 자 득 언

군자는 들어가는 곳마다 스스로 얻지 못함이 없다.

군자는 어떠한 삶의 변화에도 능동적으로 참여해 **스스로 얻어낸다**는 말입니다.

자득自得: 스스로 깨닫다

빈천하면 빈천한 대로,

공자 15세

부귀하면 부귀한 대로,

공자 약 54세 대사구 임명

환난하면 환난한 대로,

공자 56세 유랑 시작

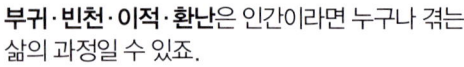

부귀·빈천·이적·환난은 인간이라면 누구나 겪는 삶의 과정일 수 있죠.

어떠한 상황에 처해서도 그 상황으로부터 **자득**할 수 있는

그 중용의 실천자가 곧 군자입니다.

在上位, 不陵下; 在下位, 不援上.
재상위 불릉하 재하위 불원상

윗자리에 있을 때는 아랫사람을 능멸하지 아니 하며,
아랫자리에 있을 때는 윗사람을 끌어내리지 아니 한다.

능陵: 깔보다
원援: 끌어내리다, 범하다

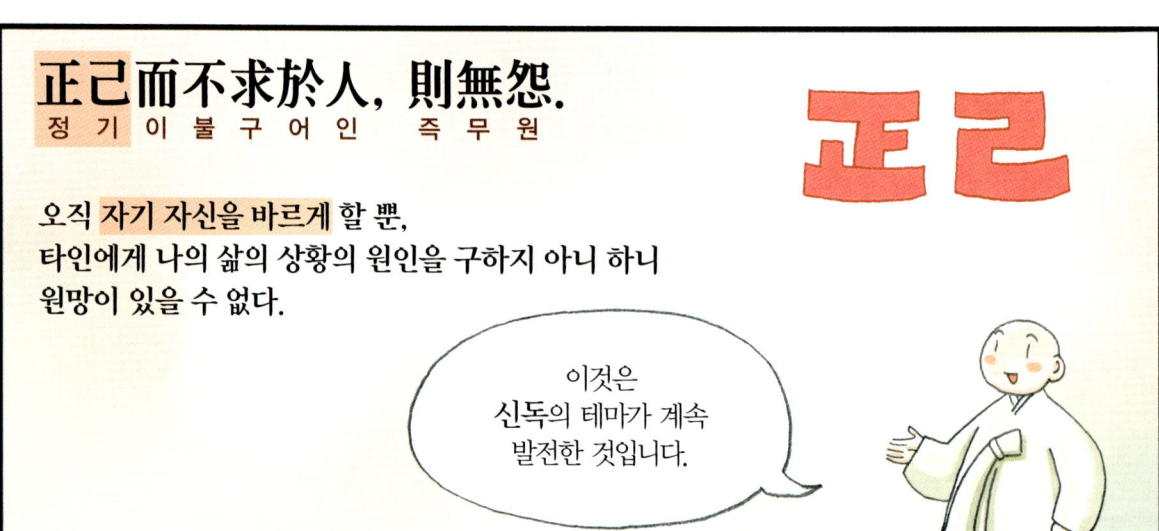
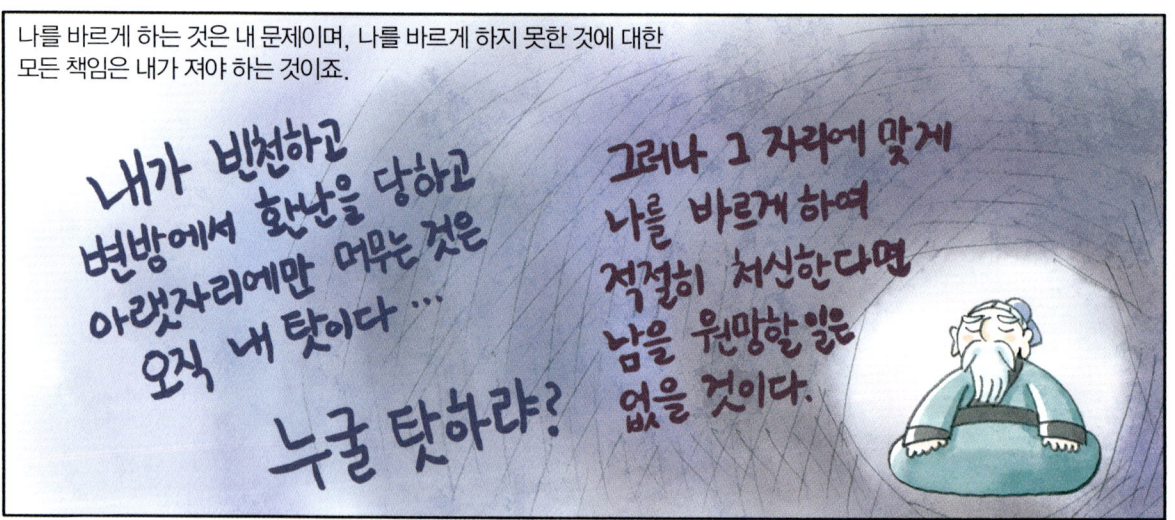

上不怨天, 下不尤人.
상불원천 하불우인

위로는 하늘을 원망치 아니 하며,
아래로는 사람을 허물치 아니 한다.

우尤: 허물, 과실

인간은 생존과 관련한 공포와 두려움을 완화시키기 위해

신을 달래기 위한 갖가지 제식을 개발해냈습니다.

그러나 신에게 최대의 공경을 표시하고 선한 일을 했음에도 불구하고

악연이 계속되면 신을 원망하게 되죠.

복 덕 불 일 치
福德不一致

호천 상제여!
살찐 희생을 바쳐
정성껏 제사를
지냈는데, 어찌…

억퉤(?)

엉엉

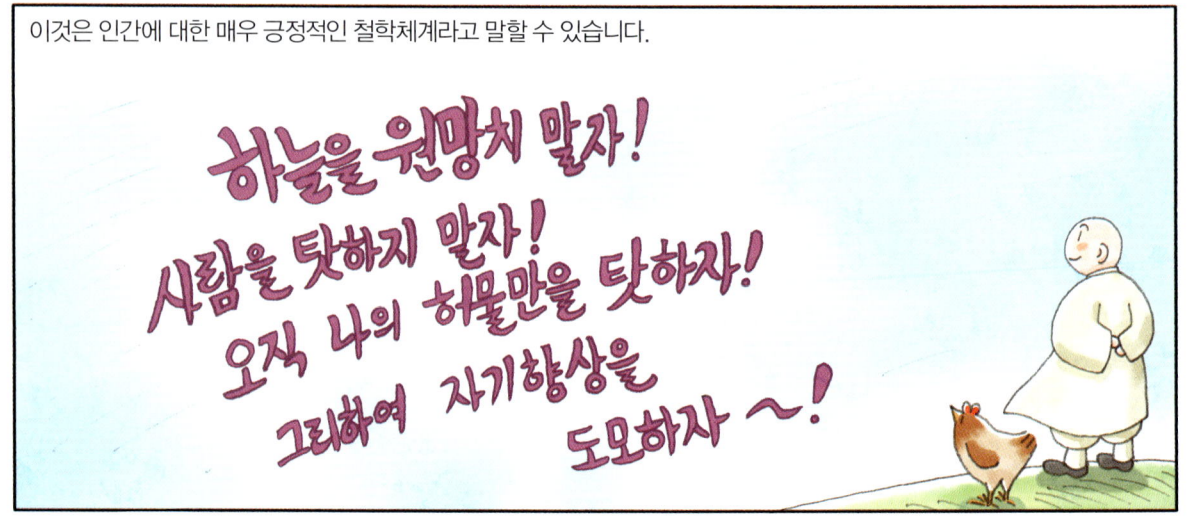

故君子居易以俟命, 小人行險以徼幸.
고 군 자 거 이 이 사 명   소 인 행 험 이 요 행

그러므로 군자는 평이한 현실에 거하면서 천명을 기다리고,
소인은 위험한 짓을 감행하면서 요행을 바란다.

이易: 평이하고 일상적인   사俟: 기다리다
험險: 험하다   요행徼幸: 뜻밖의 행운

앞서 제1장에 나왔듯이, **명**이란 일방적인 명령이 아니라 끊임없는 교섭을 말합니다.

하늘의 초월성·자연성·인문성이 모두 나와 교섭하는 것이죠.

따라서 **사명**은 수동적인 기다림이 아니라 적극적인 창조의 기다림을 말합니다.

내가 해야 할 일을 하면서 천명을 기다린다

일시적 **요행**을 바라지 않고 기다린다는 것은 용기와 지혜가 필요한 일이죠.

혹시 알아?

子曰: "射有似乎君子, 失諸正鵠, 反求諸其身."
자왈   사유사호군자   실저정곡   반구저기신

공자께서 말씀하셨다:

"활쏘기는 군자의 덕성과 유사함이 있으니, 활을 쏘아 과녁을 벗어나더라도 오히려 **그 이유를 자기 몸에서 구한다.**"

14-5

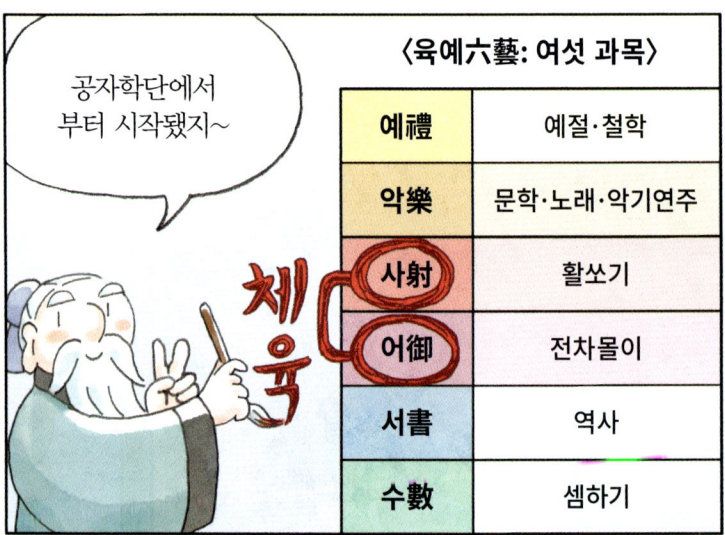

〈육예六藝: 여섯 과목〉

예禮	예절·철학
악樂	문학·노래·악기연주
사射	활쏘기
어御	전차몰이
서書	역사
수數	셈하기

그중 활쏘기와 전차몰이는 무武의 필수 훈련인 동시에 교양과 사교의 수단으로, 각 동리의 선비 스포츠로 자리잡았죠.

경쟁은 하지만 그 과정은 오로지 자기와의 싸움이지…

군자는 다툼이 없다.
그러나 굳이 다툰다면 활쏘기 정도일 것이다.
─「팔일」7

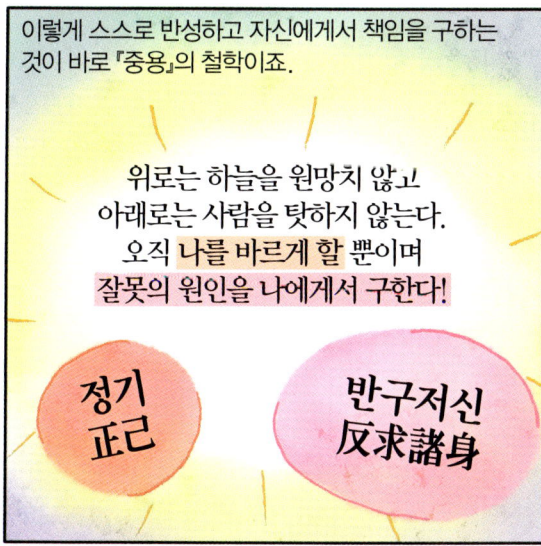

제15장 行遠自邇章
행원자이장

1. 군자의 도_道는 비유컨대 먼 곳을 가려면
반드시 가까운 데로부터 하며,
높은 곳을 오르려면 반드시 낮은 데로부터 함과 같다.

2 시詩에 가로되:

"아내와도 자식들과도 마음 맞아 하나 됨이
슬瑟과 금琴이 서로 화합하듯 하여라.

게다가 형과도 동생과도 또 한마음 되니,
화락和樂함이 끝이 없네.

너의 온 가족을 평온케 하라.
그리하면 너의 아내와 자식들이 즐거우리라."

3 공자께서 말씀하셨다:

"부모님께서 물려주신 가정을 순화롭게 하여
부모님께 순종하여야 할 것이로다!"

君子之道, 辟如行遠必自邇, 辟如登高必自卑.
군자지도　비여행원필자이　비여등고필자비

15-1

군자의 도는 비유컨대 먼 곳을 가려면 반드시 가까운 데로부터 하며, 높은 곳을 오르려면 반드시 낮은 데로부터 함과 같다.

비辟: 비譬, 비유하다
이邇: 가깝다
비卑: 낮다

가깝고 낮은 일상성에 의미를 부여하는 주제가 계속되고 있습니다.

먼 데를 가려면 가까운 곳부터 시작하는 것은 만고의 진리이며 자연의 법칙이죠.

우주의 진리도 이러한 상식에서 출발하는 것이 아닐까요?

안중근 의사가 뤼순의 감옥에서 순국하기 전 남긴 **유묵** 가운데

이 장의 글귀를 쓴 것이 남아 전해지고 있습니다.

登高自卑 行遠自邇
등고자비 행원자이
庚戌三月於旅順獄中 大韓國人 安重根 書

유묵: 생전에 남긴 글씨나 그림

재판 중에 안중근이 보여준 당당한 명분과 죽음을 앞둔 의연한 자세는
일본인검사와 재판장, 감호 관리들까지 감복시켰죠.

내가 이토오를 죽인 것은 그가 동양평화를 어지럽히는 자이기 때문에 의병 참모중장의 자격으로 한 일이다.

나는 개인으로서 이 일을 한 것이 아니라 의병으로서 행하였으니 나를 전쟁포로로서 국제공법 만국공법에 따라 처리하라!

법정투쟁

이미 사형을 정해놓았던 재판이 형식적으로 이어지던 40여 일간
일본 검사관·취조관들의 부탁으로 안중근은 200여 점의 글씨를 남기는 한편,
『동양평화론』의 저술을 시작합니다.

안중근이 머물던 독방이 뤼순 감옥에 보존되어 있다

유묵의 글은 대개 『논어』·『중용』 등 고전의 구절이거나,
무인으로서의 기개를 나타낸 것이었죠.

순국 직전, 안중근은 자신을 담당했던 일본군 헌병에게

당신과 나, 서로가 군인의 본분을 다했을 뿐이라는 뜻으로 이 글을 써주었습니다.

당신 같은 분을 죄수 취급해서 정말 죄송합니다…

간수 **치바 도시치**

為國獻身軍人本分
위국헌신군인본분
庚戌三月 於旅順獄 大韓國人 安重根

제15장 행원자이장 203

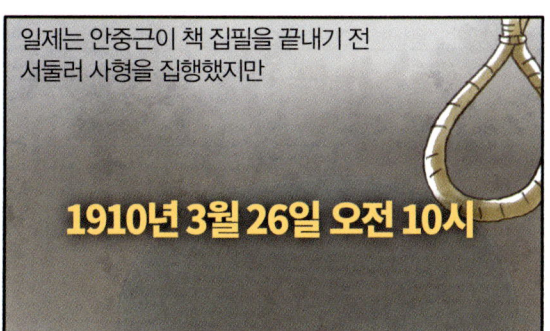

詩曰: "妻子好合, 如鼓瑟琴. 兄弟既翕, 和樂且耽. 15-2
시왈   처자호합   여고슬금   형제기흡   화락차탐
宜爾室家, 樂爾妻帑."
의이실가   낙이처노

시에 가로되:

"아내·자식들과 마음 맞아 하나 됨이 슬과 금이 서로 화합하듯 하여라.
게다가 형·동생과도 또 한마음 되니, 화락함이 끝이 없네.
너의 온 가족을 평온케 하라. 그리하면 너의 아내와 자식들이 즐거우리라."

흡흡: 화합하는 모습   탐탐: 즐기다   노帑: 자손

앞서 나온 **부부지우**의 주제를 계승하고 있으며

행원필자이 등고필자비의 주제와도 연결됩니다.

'가까움'과 '낮음'이 가족과의 일상생활에서 출발한다는 메시지가 담겨져 있습니다.

유교는 항상 가정을 일차적으로 보고 있죠.

國의 근본은 家!

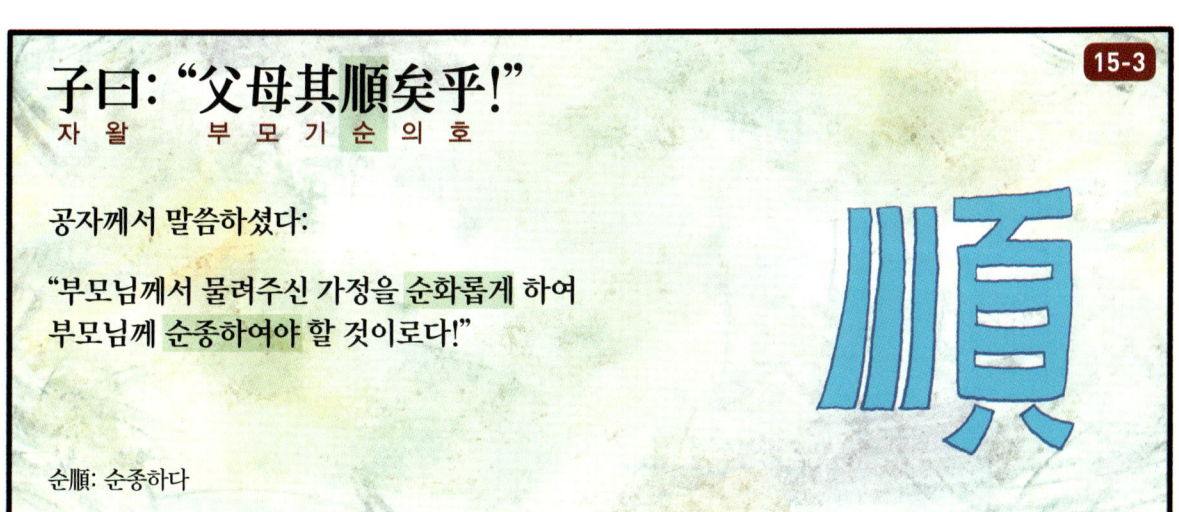

子曰: "父母其順矣乎!"
자왈 부모기순의호

공자께서 말씀하셨다:

"부모님께서 물려주신 가정을 순화롭게 하여 부모님께 순종하여야 할 것이로다!"

순順: 순종하다

여기서 '순'은 우선적으로 자식이 부모에게 순종해야 한다는 뜻이지만

그 부모 또한 조상에게 순종해야 함을 말합니다.

대가족 전체의 질서를 유지하려면 제사를 통해 혈통이 연속되고 있는 것에 대해 존중을 나타내는 것이 중요하죠.

당신과 내가 이만큼 만들었어!

제16장 귀신장 鬼神章

1 공자께서 말씀하셨다:

"귀신鬼神의 덕德됨이 참으로 성대하도다!

2 보아도 보이지 않고, 들어도 들리지 않지만,
귀신은 모든 사물을 체현시키며 하나도 빠뜨리지 않는다.

❸ 천하天下의 사람들로 하여금 재계齋戒하고 깨끗이 하게 하며, 의복을 성대하게 하여, 제사祭祀를 받들게 하는도다.

그리곤 보라!
귀신은 바닷물이 사방에 넘실넘실 넘치듯 하지 아니 한가!
저 위에도 있는 듯하며, 좌에도 우에도 있는 듯하지 아니 하뇨!

❹ 시詩에 가로되:

'신이여 오시도다. 그 모습 헤아릴 길 없어라.
어찌 감히 역겨워 하오리이까!'"

❺ 대저 귀신은 숨겨져 있지만 너무도 잘 드러난다.
만물을 하나도 빠뜨리지 않는 그 생성의 성誠,
그 진실함을 가릴 수 없음이 이와 같도다!

제16장 귀신장 215

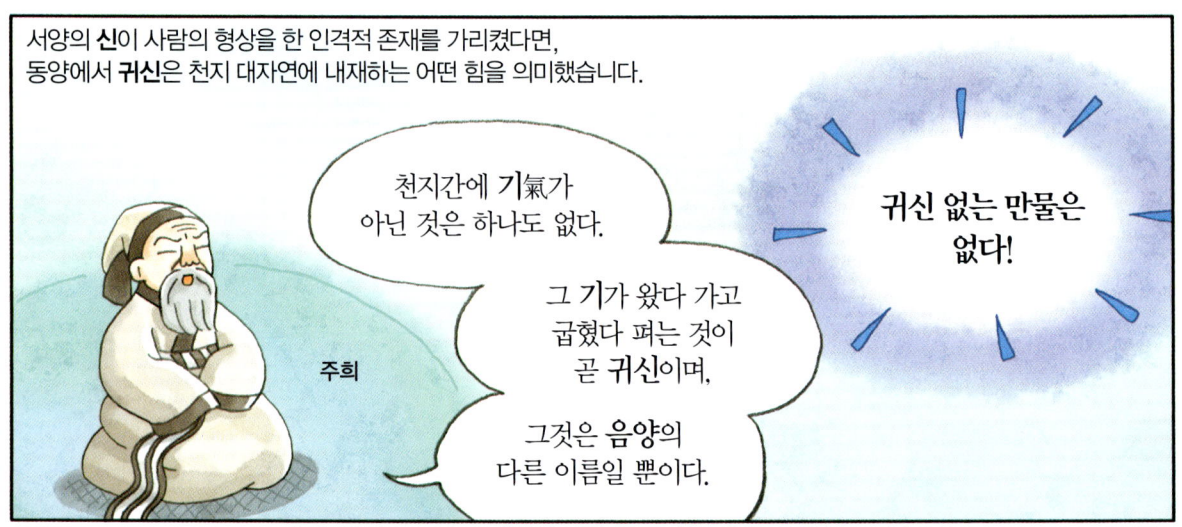

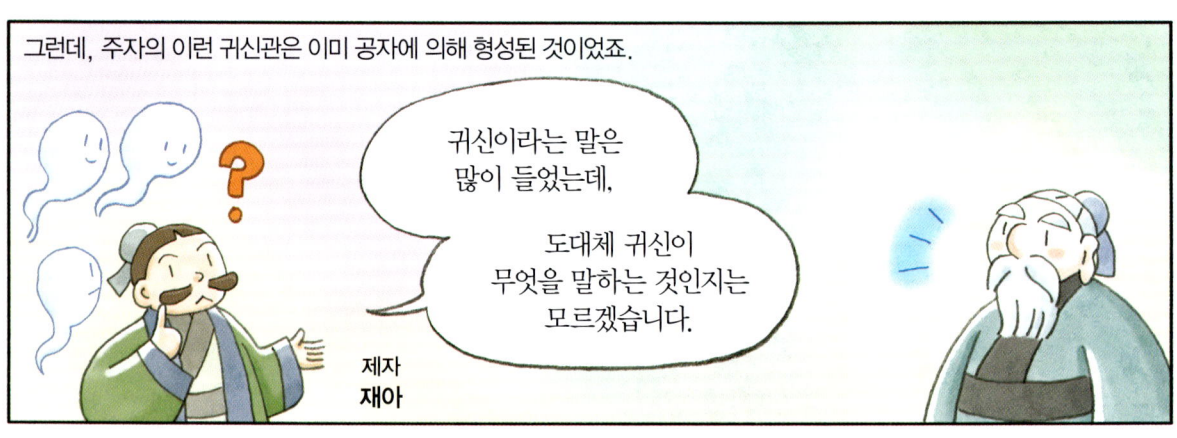

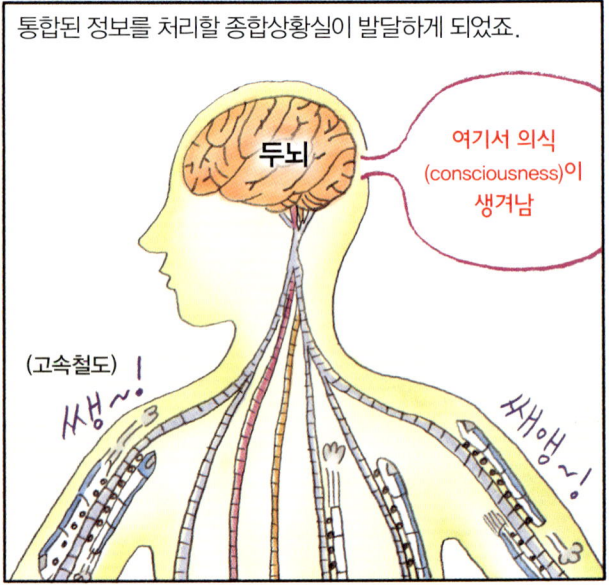

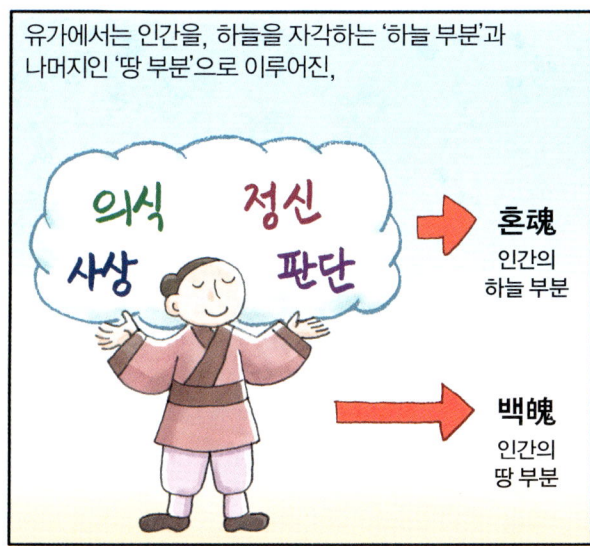

유가에서는 인간을, 하늘을 자각하는 '하늘 부분'과 나머지인 '땅 부분'으로 이루어진,

혼魂 — 인간의 하늘 부분
백魄 — 인간의 땅 부분

즉 혼과 백이 합쳐진 존재라고 봅니다.

동·식물은 하늘(혼) 부분이 좀 약함

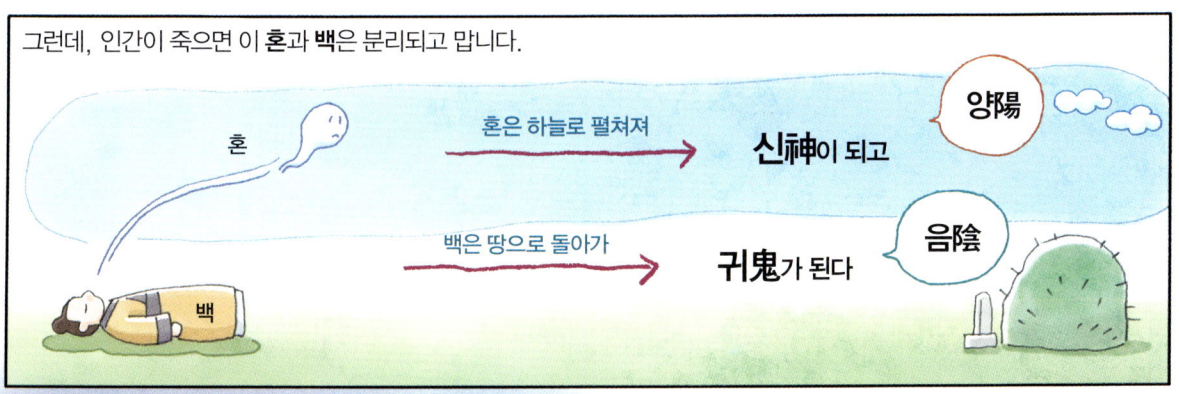

그런데, 인간이 죽으면 이 혼과 백은 분리되고 맙니다.

혼은 하늘로 펼쳐져 → 신神이 되고 (양陽)
백은 땅으로 돌아가 → 귀鬼가 된다 (음陰)

그래서 지붕에 올라 떠나는 혼을 향해 망자가 입었던 옷을 흔들면서 세 번 불렀던 것이며,

복復!

제사를 지낼 테니 이곳으로 다시 돌아오시오!

하늘로 가는 혼을 위해서는 향불을 피워 연기로써 제사 지내고

땅으로 가는 백을 위해서는 땅에 술을 붓고 제사 지냈던 것이죠.

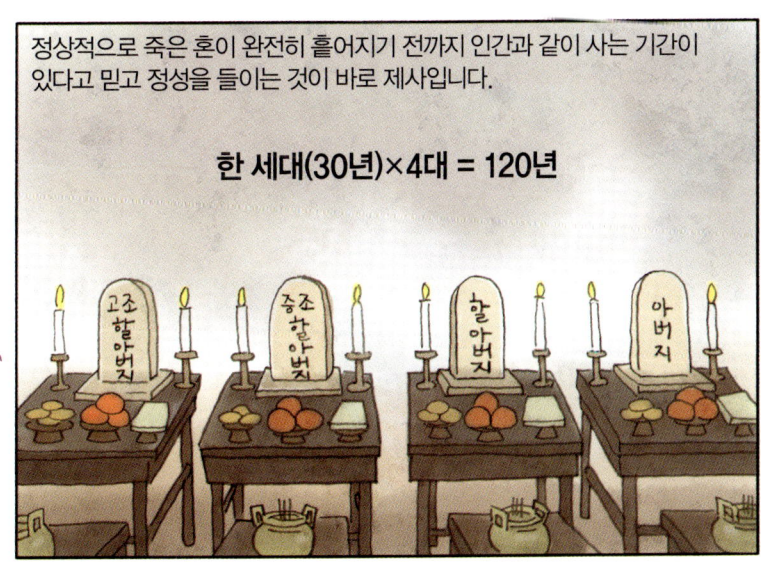

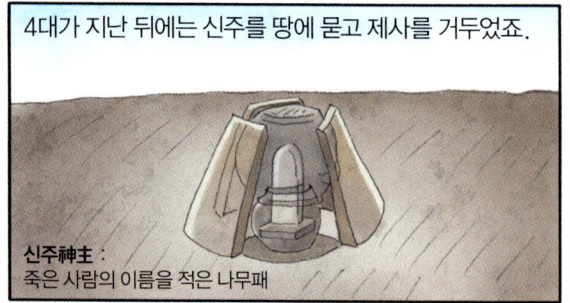
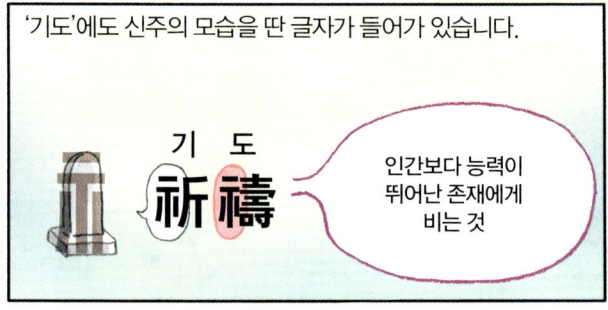

視之而弗見, 聽之而弗聞, 體物而不可遺.
시 지 이 불 견　청 지 이 불 문　체 물 이 불 가 유

16-2

보아도 보이지 않고, 들어도 들리지 않지만,
귀신은 모든 사물을 체현시키며 하나도 빠뜨리지 않는다.

체體: 체현하다, 구현하다

귀신이 만물을 구현하면서 하나도 빼먹지 않는다는 것은

모든 만물에는 귀신의 영험함이 있다는 뜻입니다.

이 돌 하나만 해도 인간이 첨단과학으로도 만들어 낼 수 없는 영험한 것이죠.

따라서 나뒹구는 돌멩이 하나도 귀신으로서 섬길 줄 알아야 한다는 뜻이 들어있는 구절입니다.

음양불측지위신
陰陽不測之謂神

음양의 왕래하는 변화가
끊임없이 이루어져 그것을
구체적으로 헤아릴 수 없는 경지를
일컬어 **신**이라 한다.
- 『주역』「계사」 상5

또한 동양에서 신은 '명사'가 아니라 '형용사'입니다.

서양에서는 **하나님**이 존재를 나타내는 명사이기에 경배의 대상이 되었지만,

명사 → 인격신

정통/이단

믿느냐/안 믿느냐

동양에서 **신**은 우리의 판단을 넘어서는 모든 무형적 세계에 대해 경외감을 가지고 쓰는 말이었죠.

형용사 →

신비하다 신성하다
신묘하다 신기가 있다

뭐라 말할 순 없지만 나를 경건하게 하는 느낌적인 느낌?

제사를 지낼 때도 부모의 존재가 나타나는 게 아니라 목소리, 냄새, 분위기 등 느낌으로 오는 것이죠.

엄마가 지금 오신 것 같아!

동방인의 언어에 배어 있는 하나님은 항상 **형용사**라는 것을 잊지 마세요!

使天下之人齊明盛服, 以承祭祀.
사 천 하 지 인 재 명 성 복 이 승 제 사

천하의 사람들로 하여금 재계하고 깨끗이 하게 하며,
의복을 성대하게 하여, 제사를 받들게 하는도다.

재齊: '재계하다'의 뜻일 때 '재'로 읽음

16-3

제사는 흉례가 아닌 길례로, 귀신이 되어 돌아온 혼을
기쁜 마음으로 맞이하는 예식입니다.

상례 → 장례 → 제례

흉례 :
없어짐을
슬퍼함

길례 :
기쁜 마음
으로 모심

제사의 목적은 죽은 사람과 교감하는 데 있지만 더 큰 목적은
그 경건성을 통하여 인간의 덕을 다스리는 데 있죠.

삶의 마감을 신중히 하고
먼 조상까지 추모하면
백성의 덕이 후하게 될 것이다
- 「학이」 9

한국의 제사문화는
중국 고전에 나오고 있는
제사가 그대로 보존되고 있는
유일한 경우에 속합니다.

중국·일본에서는
이미 한국에서와 같은
융성한 제사문화를
찾아보기 힘들죠.

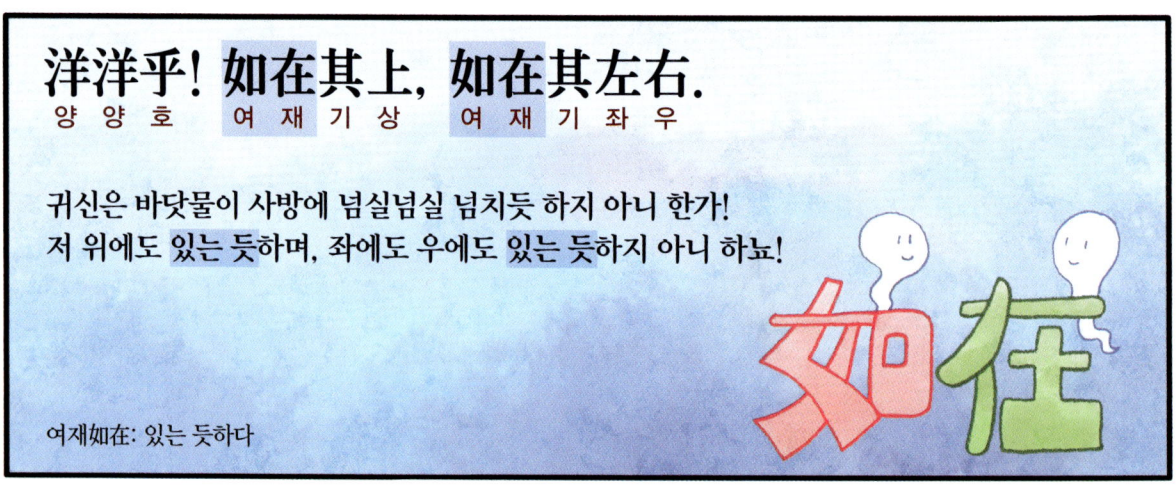

洋洋乎! 如在其上, 如在其左右.
양양호 여재기상 여재기좌우

귀신은 바닷물이 사방에 넘실넘실 넘치듯 하지 아니 한가!
저 위에도 있는 듯하며, 좌에도 우에도 있는 듯하지 아니 하뇨!

여재如在: 있는 듯하다

여기서 가장 주목할 것은 '여재'라는 표현입니다.

'있는 듯 하다'는 귀신의 세계에 대한 당대의 일반적인 생각을 나타낸 말이죠.

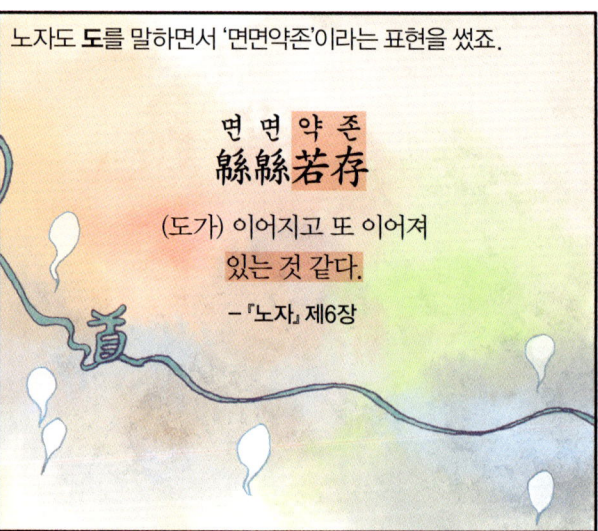

노자도 도를 말하면서 '면면약존'이라는 표현을 썼죠.

면 면 약 존
綿綿若存

(도가) 이어지고 또 이어져 있는 것 같다.
-『노자』제6장

노자의 표현에 대해 왕필은 이렇게 해석했습니다.

'있다'고 말하려고 하면 그 형체를 볼 수 없고
'없다'고 말하려고 하면 만물이 그것으로부터
끊임없이 생성되고 있는 것을 본다.
그래서 면면약존이란 표현을 쓴 것이다.

위나라 천재소년
왕필
(226-249)

도나 귀신 같은 무형적 존재에 대해서는

'있다', '없다'는 식의 존재론적 접근을 해서는 안 된다는 말이죠.

'있는 것 같다'

산에 수많은 나무가 있어야 구름과 안개가 끼고, 그 안에 수많은 동물을 품어 호랑이가 나올 정도가 돼야 신령스러운 산이 됩니다.

그런 산에는 마치 산신령이 **있는 것처럼** 느껴지고, 그래서 산신각을 짓는 것이죠.

제사를 지낼 때도 마치 무엇을 **두려워하는 듯** 행동하고, 공물을 바칠 때도 부모님께 말씀을 여쭙고 아직 대답을 **기다리는 듯이** 해야 하는 것이죠.

이렇게 귀신이 사방에 **넘실거리고 있는 것처럼** 느낄 줄 안다면,

자연과 생명에 대한 존중과 경외감,

산 것과 죽은 것을 포함해서 생각하는 우주적 일체감을 갖게 되는 것입니다.

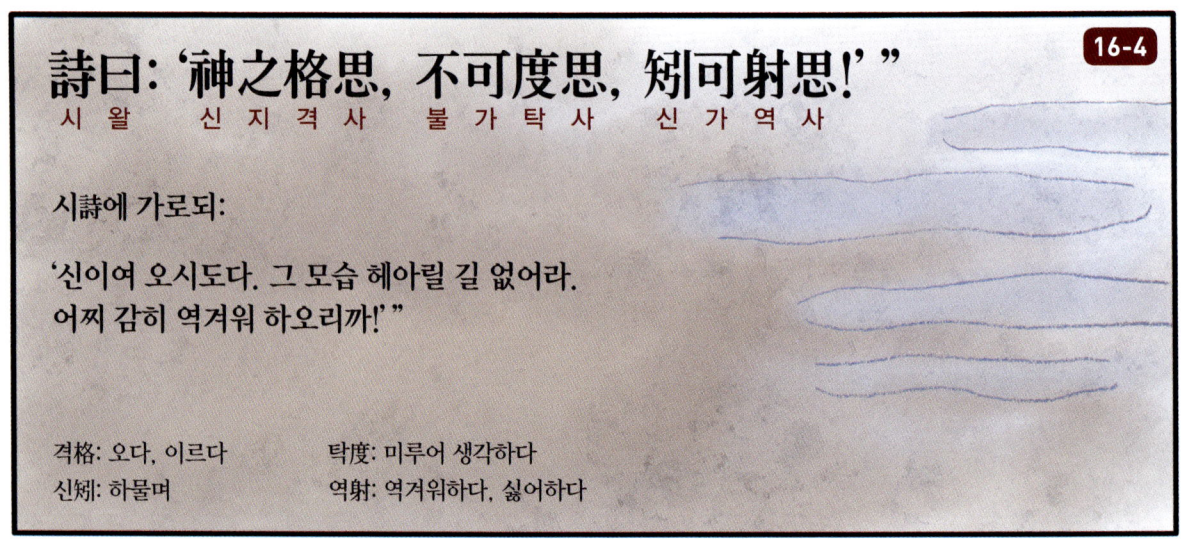

16-4

詩曰: '神之格思, 不可度思, 矧可射思!'"
시왈 신지격사 불가탁사 신가역사

시詩에 가로되:

'신이여 오시도다. 그 모습 헤아릴 길 없어라.
어찌 감히 역겨워 하오리까!'"

격格: 오다, 이르다 　　　탁度: 미루어 생각하다
신矧: 하물며 　　　　　　역射: 역겨워하다, 싫어하다

인간과 신의 감응을 표현하는 멋진 시구입니다.

『시경』 대아 「억」편의 한 구절이죠.

사思는 별 뜻 없이 글자수를 맞추기 위해 들어갔습니다.

일상생활에서도 얼마든지 신을 맞이하는 순간들이 있죠.

'자왈'로 시작된 16장 공자의 말씀은 여기까지이고,

마지막 구절은 공자의 말씀에 대해 자사가 자신의 의견을 밝힌 것으로 보입니다.

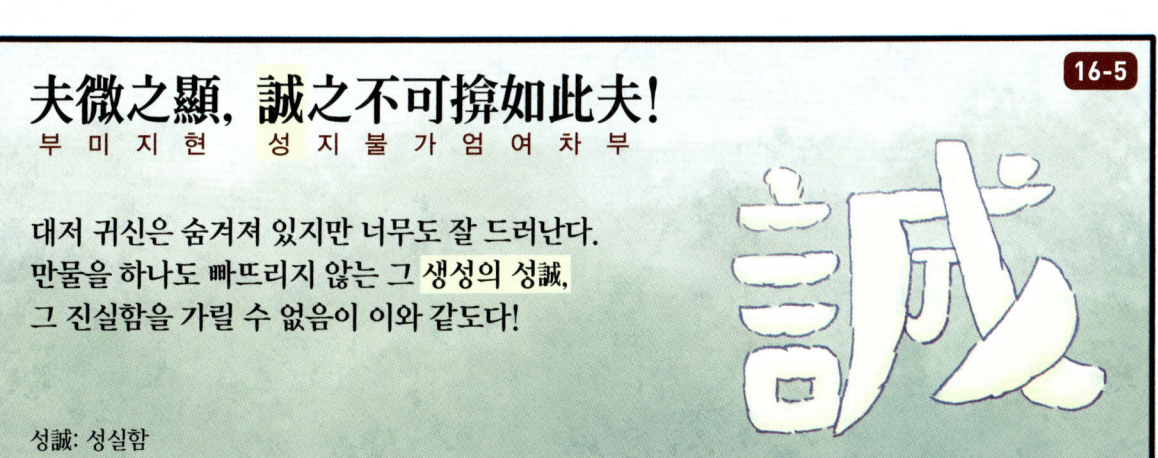

제17장 순기대효장 舜其大孝章

1 공자께서 말씀하셨다:

"순임금은 진실로 대효大孝이시로다!
덕德으로는 성인聖人이 되시고,
존귀함으로는 천자가 되시어,
널리 사해四海의 천하를 다스리셨다.
돌아가신 후에는 종묘宗廟의 제사를 흠향하시니,
자손들은 대대로 그 제사를 보전하여 끊이지 않았다.

❷ 그러므로 순舜과 같은 대덕大德은 반드시 그 합당한 위位를 얻으며,
반드시 그 합당한 녹祿을 얻으며, 반드시 그 합당한 이름을 얻으며,
반드시 그 합당한 수壽를 얻는다.

❸ 그 까닭이란 하늘이 물物을 생生할 때에는
반드시 그 재질에 따라 생장의 다양한 진로를 돈독히 하기 때문이다.
그러므로 세차고 반듯하게 솟아올라오는 것은 북돋아주고,
비실비실 기우는 것은 갈아엎어 버린다.

❹ 시詩에 가로되:

'아름답고 화락하신 군자君子이시여!
그 고운 덕성이 찬란하게 드러나시네.
백성을 사랑하시고 사람을 사랑하시는도다.
하늘로부터 행운의 복록을 받으시네.
하늘은 그를 보우하여 끊임없이 명命을 내리시네.
하늘은 그를 거듭거듭 보살피시는도다.'"

❺ 그러므로 대덕大德을 구현하는 자는
반드시 명命을 받는다.

子曰: "舜其大孝也與!
자왈 순기대효야여

17-1

공자께서 말씀하셨다:

"순임금은 진실로 대효大孝이시다!

종래 우리의 도덕은 아래 사람에게만
많이 지우고 윗사람은 헐한 편이 많았다.
다시 말하면 후생後生을 압박하여
명망을 청해 드렸을 뿐이다.
… 손가락의 피로 사람을 구할 수는 없다.
낫기도 저절로이오, 죽기도 저절로이다.
살기도 저절로 살자. 껍질 도덕에 갇혀 살지 말고.

지금까지 전체적인 흐름을 살펴보면 **중용**에서 **지·인·용**, 그리고 **부부지우**를 말하더니 **귀신**과 **효**의 주제로 이어지고 있습니다.

'나'라는 존재는 죽음으로써 단절되지만
내가 남긴 '자식'은 그 단절을 메워주는데

내가 죽어도 귀신이 되어 당분간은 머물기 때문에
효는 **귀신**과 **제사**와 밀접한 연관이 있는 것이죠.

순의 이야기는 우리가 아는 상식적인 집안의 이야기가 아닙니다.

인간이 경험할 수 있는 최악의 상황, 즉 부모형제가 나를 죽이려 하는 상황에서 그것을 극복해낸 인간 승리의 스토리라고 할 수 있죠.

이러한 순의 이야기가 후대에 전해지는 과정에서 매우 극적인 형태를 띠게 됐다고 하더라도…

효라는 것이 인간의 아름다운 본연의 덕성이라기보다 끊임없는 내면의 모순과 갈등을 통한 선택임을 알 수 있습니다.

德爲聖人, 尊爲天子, 富有四海之內, 宗廟饗之, 子孫保之.
덕 위 성 인　존 위 천 자　부 유 사 해 지 내　종 묘 향 지　자 손 보 지

덕으로는 성인이 되시고, 존귀함으로는 천자가 되시어,
널리 사해의 천하를 다스리셨다.
돌아가신 후에는 종묘의 제사를 흠향하시니,
자손들은 대대로 그 제사를 보전하여 끊이지 않았다.

순의 대효는 예수가 십자가를 지는 것과 같은, 어떤 절대적인 희생과 헌신을 떠올리게 합니다.
순은 인간이 할 수 있는 가장 잔인한 형태의 위협을 **효孝**로써 이겨냈기에
그의 **대효**에는 종교적 신앙과도 같은 경건함이 있죠.

늦어서 죄송합니다.
우물은 날이 밝는 대로
다시 파겠어요.

순은 효라는 덕목 하나로
천자의 지위에 오르고
존경받는 성인이 되었죠.

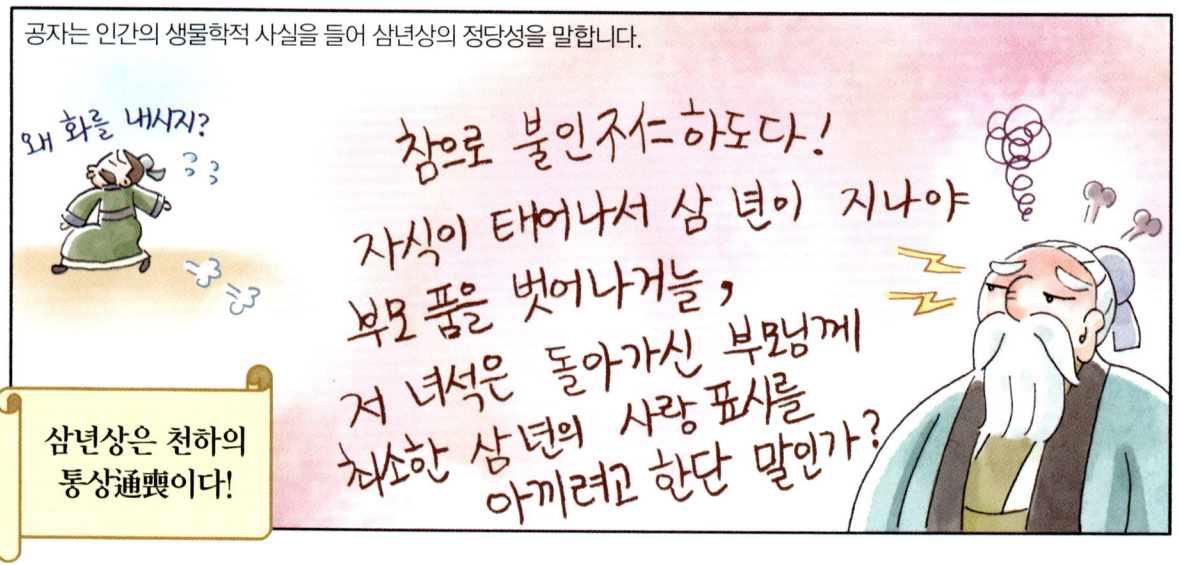

고대의 삼년상은 베옷을 입고 움막집에서 죽을 먹으면서 생활하는 것이었으므로, 3년을 1년으로 줄이자는 재아의 입장은 오늘날에 봐도 합리적인 면이 있습니다.

아버지 3년, 어머니 3년, 6년을 이렇게 보내고 나면 예악도 다 잊어버리지 않겠어요?

꼭 그렇게까지 해야만 효일까요?

효란 대체 무엇인가요?

효는 인간이 태어나서 절대적으로 무력한 시기에 절대적인 사랑의 보호를 받는다는 데서 출발하는지도 모릅니다.

효란 무엇인가?

동물의 세계에서도 새끼를 돌보는 포유류는 공룡 파충류에 눌려 1억 년 넘게 빛을 보지 못했죠.

어린 시절 엄마 아빠에게 절대적으로 의존하고 절대적으로 보호받은 체험은 나의 의식 밑바닥에 깔리게 되는데

이러한 효의 체험은 가족이라는 단위가 있는 한 영원히 계속되죠.

따라서 생명의 일차적 욕구는 **리비도**가 아니라 **효**라고 할 수 있습니다.

프로이트도 부모에게 느끼는 절대적 의존의 체험을 나름 분석했지만

테베의 왕자가 무서운 신탁을 받았다는 이유로 태어나자마자 복사뼈에 못이 박힌 채 버려졌는데,

아비를 죽이고 어미를 범할 것이다!

그 때문에 '오이디푸스'라는 이름을 얻게 되었다.

Oedipus '퉁퉁 부은 발' 이라는 뜻

훗날 이웃나라에서 자란 오이디푸스는 자신의 신탁을 알게 되어 집을 나가 방황하다가

양부모인 줄 모르고...

우연히 길에서 사소한 시비 끝에 한 노인을 죽이게 된다.

친아버지 전 테베왕

이후 오이디푸스는 스핑크스가 낸 세 가지 문제를 모두 풀고 스핑크스를 죽인 공로로 테베의 왕위에 올라 왕비를 아내로 삼았는데

친어머니 전 테베 왕비

몇 년 뒤 모든 사실을 알게 된 오이디푸스는 자신의 두 눈을 뽑아내고 끝없는 방랑의 길을 떠난다.
— 그리스 신화

프로이트는 '남자아이는 처음 만난 이성인 어머니에게 집착하고 경쟁자인 아버지를 적대한다'고 주장하며 이런 현상을 그리스 신화의 주인공 이름을 따서 **'오이디푸스 콤플렉스'**라고 했다.

지그문트 프로이트(1856~1939): 오스트리아의 정신과 의사

이들이 지키려고 했던 효는 인류의 대의大義를 위한 대효大孝였던 것이죠.

이렇듯 효란 나의 혈통 속에서 전해져 온 훌륭한 가치를

내가 이어받아 계속 살려 나가는 것을 의미합니다.

개인적 내면의 선택인 **순의 대효**부터

혁명의 가치를 이어받은 **문왕·무왕·주공의 대효**까지,

이것이 유가의 효가 가진 스펙트럼입니다.

은나라 주紂 왕의 폭정을 멈추게 한 방법은 단 한가지… 혁명!

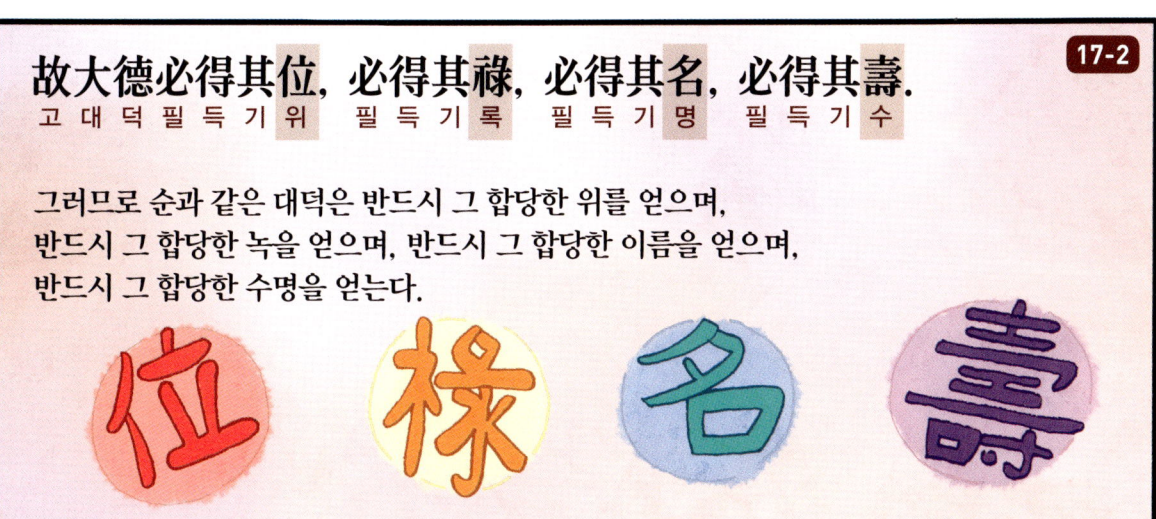

제17장 순기대효장

17-3

故天之生物, 必因其材而篤焉. 故栽者培之, 傾者覆之.
고 천 지 생 물　필 인 기 재 이 독 언　고 재 자 배 지　경 자 복 지

그 까닭이란 하늘이 만물을 낳을 때에는 반드시
그 재질에 따라 생장의 다양한 진로를 돈독히 하기 때문이다.
그러므로 세차고 반듯하게 솟아올라오는 것은 북돋아주고,
비실비실 기우는 것은 갈아엎어 버린다.

독篤: 도탑고 성실하다

하늘이 공평무사하고 자연이 성실하다는 것은 천지가 그만큼 냉엄하다는 것이죠.

고 도 생 지　덕 축 지　장 지 육 지　정 지 독 지　양 지 복 지
故道生之, 德畜之, 長之育之, 亭之毒之, 養之覆之.

그러므로 도는 만물을 생하게 하고 덕은 내면에 쌓아가는 것이다.
도는 자라나게 하고 길러주는가 하면, 멈추게도 하고 독을 주기도 한다.
북돋워주기도 하지만 또 엎어버리기도 하는 것이다.

— 『노자』 51장

천지는 적극적으로 창조에 참여하지 않는 것을 갈아엎는 선택을 통해

재 자 배 지　경 자 복 지
栽者培之　傾者覆之

치솟아 올라옴 / 북돋워주다 / 기우는 것 / 엎어버림

농부의 기본 원칙

배재와 생장을 더욱 돈독하게 합니다.

우리나라 최초의 근대식 중등 교육기관이었던 배재학당의 이름도 바로 이 장에서 따온 것이죠.

수 녹 명 위 몰아주기

培材

詩曰: '嘉樂君子, 憲憲令德. 宜民宜人, 受祿于天.
시왈   가락군자   헌헌령덕   의민의인   수록우천

保佑命之, 自天申之.'"
보우명지   자천신지

시에 가로되: '아름답고 화락하신 군자이시여!
그 고운 덕성이 찬란하게 드러나시네.
백성을 사랑하시고 사람을 사랑하시는도다.
하늘로부터 행운의 복록을 받으시네.
하늘은 그를 보호하고 도와 끊임없이 명령을 내리시네.
하늘은 그를 거듭거듭 보살피시는도다.'"

17-4

保佑

헌憲 = 현顯 : 드러나다
신申 : 거듭

위정자가 덕이 있어야 그 덕분에 계속해서 천명을 받게 된다는 노래입니다.

왕이 천명을 받으면
백성도 천명을 받는다네
하느님이 보우하사
우리나라 만세

중요한 것은 혁명이 오래도록 유지되는 것인데

이 시는 그것을 대효의 덕과 관련하여 말하고 있습니다.

대덕大德 = 대효大孝 ➡ 혁명지속

시 구절의 인용까지가 공자 말씀이었다면,

다음 마지막 구절은 자사의 말로 봐야 하죠.

뾰로롱~
어흥! 출격 준비
자사
17-5

제17장 순기대효장

故大德者必受命.
고 대 덕 자 필 수 명

그러므로 대덕을 구현하는 자는 반드시 명을 받는다.

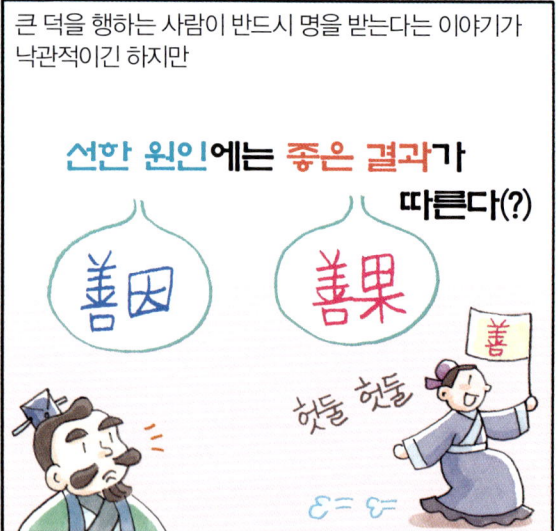

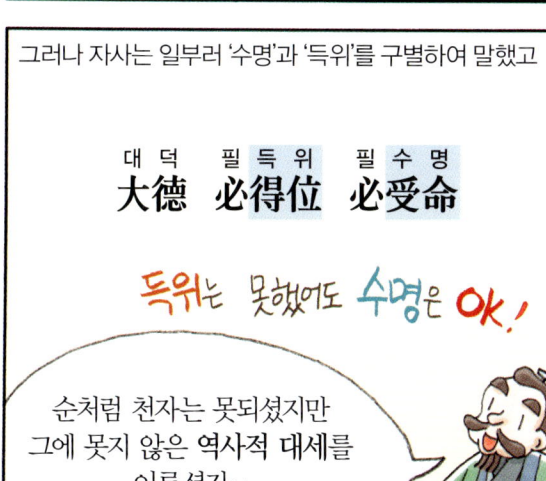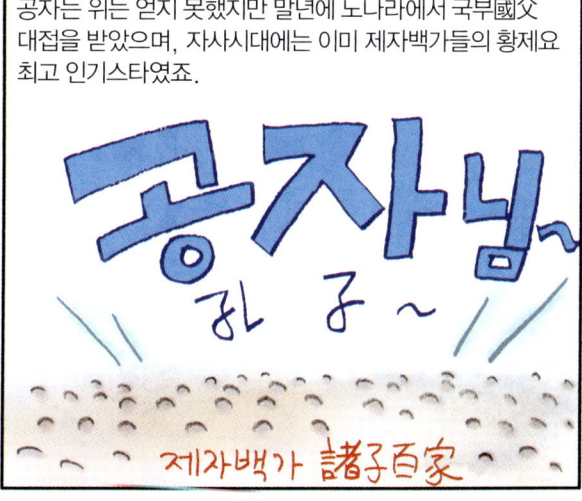

제18장 문왕무우장 文王無憂章

1 공자께서 말씀하셨다:

"아~ 실로 근심이 없으실 분은 오직 문왕文王뿐이실 것이다!
왕계王季와 같은 훌륭한 아버지를 두셨고,
무왕武王과 같은 훌륭한 아들을 두셨으니 근심이 없으시리라.
아버지가 작作하셨고 그 아들이 술述하셨도다.

❷ 무왕武王께서는 태왕太王·왕계王季·문왕文王의 기업基業을 이으사,
한번 갑옷을 차려 입으시니 천하를 소유하게 되셨다.

그럼에도 그 몸은 천하에 드러난 아름다운 이름을 잃지 아니 하셨다.
존귀함으로는 천자가 되시었고, 널리 사해四海의 천하를 다스리셨다.

돌아가신 후에는 종묘의 제사를 흠향하시니,
자손들은 대대로 그 제사를 보전하여 끊이지 않았다.

❸ 무왕武王은 말년에 비로소 천명을 받으시고
얼마 안 있어 승하하시어 예를 정할 틈이 없었다.

그래서 그의 동생 주공周公께서
문왕과 무왕의 덕德을 완성하여 예를 제정하셨다.

주공은 태왕大王과 왕계王季를 추존하여 왕王으로 높이시고,
그 위로 후직后稷으로부터 태왕 이전의 공숙조류公叔祖類에 이르는
선공先公들을 제사지내는 데는 천자天子의 예禮로써 하였다.

이 예의 법칙, 즉 장례는 죽은 자의 위位로써 하고
제사는 제사를 받드는 자손의 위位로써 한다는 법칙을
제후와 대부, 그리고 사士와 서인庶人에 이르기까지
모두 보편적으로 통용케 하였다.

일례를 들면,
아버지가 대부大夫의 신분이고 아들이 사士의 신분인 경우에는,
장례는 대부의 예로써 하고 제사는 사의 예로써 한다.

또 거꾸로 아버지가 사士의 신분이고
아들이 대부大夫의 신분일 경우에는, 장례는 사의 예로써 하고
제사는 대부의 예로써 하는 것이다.

먼 관계의 복상인 기년상期年喪의 경우는
서인으로부터 대부에까지만 미치며
그 이상의 고귀한 신분은 기년상에서 면제된다.

그러나 아주 가까운 관계의 복상인 삼년상三年喪의 경우는
서인으로부터 천자에 이르기까지 예외없이 미치는 것이니,
특히 부모에 대한 삼년 복상은 귀천을 가리지 않고 한결같다."

子曰: "無憂者, 其惟文王乎! 以王季爲父, 以武王爲子.
자왈   무우자   기유문왕호   이왕계위부   이무왕이자

父作之, 子述之.
부작지 자술지

공자께서 말씀하셨다.
"아~ 실로 근심이 없으실 분은 오직 문왕뿐이실 것이다!
왕계와 같은 훌륭한 아버지를 두셨고, 무왕과 같은
훌륭한 아들을 두셨으니 근심이 없으시리라.
아버지가 작作하시고 그 아들이 술述하였도다.

조선 초기에 만들어진 『용비어천가』 또한 주나라 효의 전승을 모델로 한 것이었죠.

제1장
해동(우리나라)의 여섯 용이 나시어서, 그 행동하신 일마다 모두 하늘이 내리신 복이시니, 그러므로 옛날의 성인의 하신 일들과 부절을 합친 것처럼 꼭 맞으시니.

제2장
뿌리가 깊은 나무는 아무리 센 바람에도 움직이지 아니하므로, 꽃이 좋고 열매도 많으니. 샘이 깊은 물은 가뭄에도 끊이지 않고 솟아나므로, 내가 되어서 바다에 이르니.

제3장
옛날 주(周)나라 대왕이 빈곡(豳谷)에 사시어서 제업을 여시니.
우리 시조가 경흥(慶興)에 사시어서 왕업을 여시니.
⋮
제6장
상(商)나라의 덕망이 쇠퇴하매, 주(周)나라가 장차 천하를 맡으실 것이므로,
서수(西水) 강가가 저자(시장) 같으니.
고려의 운명이 쇠퇴하매, 조선이 (장차) 나라를 맡으실 것이므로,
동해(東海) 해변이 저자와 같으니.

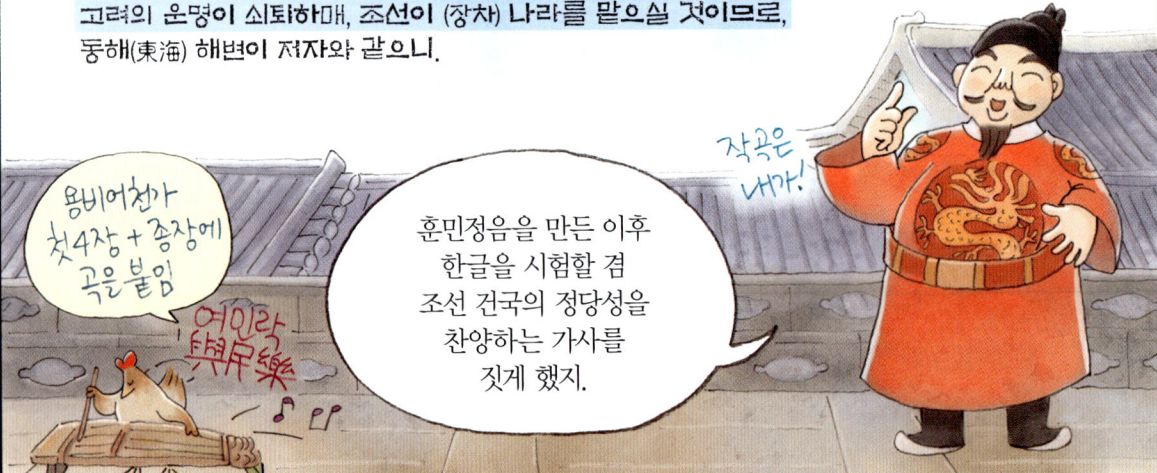

『용비어천가』 국문, 국사편찬위원회

제18장 문왕무우장

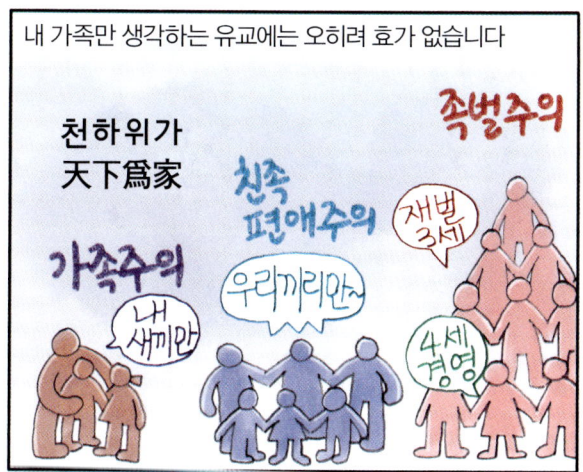

武王纘大王、王季、文王之緒, 壹戎衣而有天下, 身不失天下之顯名.
무왕찬태왕 왕계 문왕지서 일융의이유천하 신불실천하지현명

尊爲天子, 富有四海之內, 宗廟饗之, 子孫保之.
존위천자 부유사해지내 종묘향지 자손보지

무왕께서는 태왕·왕계·문왕의 기업基業을 계승하여,
한번 갑옷을 차려 입으시니 천하를 소유하게 되셨다.
그럼에도 그 몸은 천하에 드러난 아름다운 이름을 잃지 않으셨다.
존귀함으로는 천자가 되시었고, 널리 사해四海의 천하를 다스리셨다.
돌아가신 후에는 종묘의 제사를 흠향하시니,
자손들은 대대로 그 제사를 보전하여 끊이지 않았다.

찬纘: 계승하다
서緖: 사업, 기업

18-2

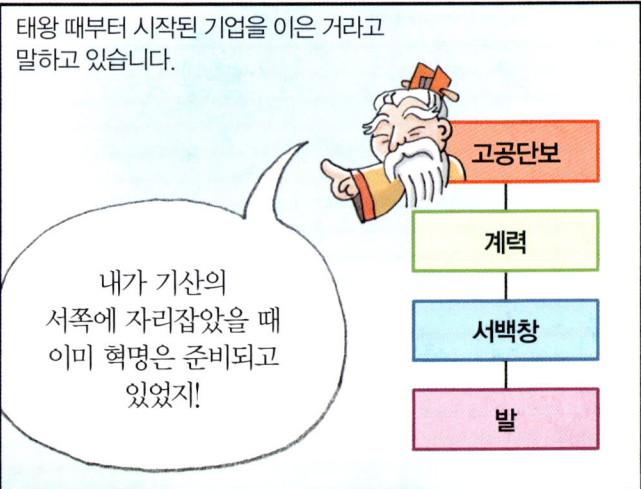

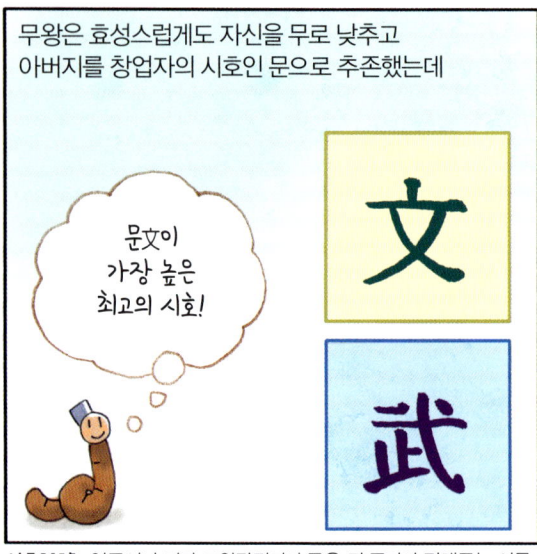

시호諡號: 임금이나 기타 고위관직자가 죽은 뒤 국가가 정해주는 이름

18-3

武王末受命, 周公成文·武之德, 追王大王·王季,
무 왕 말 수 명 주 공 성 문 무 지 덕 추 왕 태 왕 왕 계

上祀先公以天子之禮.
상 사 선 공 이 천 자 지 례

무왕은 말년에 비로소 천명을 받으셨기에 예를 정할 틈이 없었다.
그래서 주공께서 문왕과 무왕의 덕을 완성하여 예를 제정하셨다.
주공은 태왕과 왕계를 추존하여 왕으로 높이시고, 그 위로 선공들을
제사 지내는 데는 천자의 예로써 하였다.

선공先公: 후직에서 공숙조류까지, 태왕 이전의 조상들

甚矣吾衰也 久矣吾不復夢見周公
심의오쇠야 구의오불부몽견 주공

심하도다, 스러져가는 나의 몸이여!
오래되었구나, 꿈에서 주공을
다시 보지 못한 지가!
-「술이」5

제18장 문왕무우장

斯禮也, 達乎諸侯、大夫, 及士、庶人. 父爲大夫, 子爲士, 葬以大夫,
사 례 야　달 호 제 후　대 부　급 사　서 인　부 위 대 부　자 위 사　장 이 대 부
祭以士. 父爲士, 子爲大夫, 葬以士, 祭以大夫.
제 이 사　부 위 사　자 위 대 부　장 이 사　제 이 대 부

이 예의 법칙을 제후와 대부, 그리고 사와 서인에 이르기까지 모두
보편적으로 통용케 하였다.
아버지가 대부의 신분이고 아들이 사의 신분인 경우에는,
장례는 대부의 예로써 하고 제사는 사의 예로써 한다.
아버지가 사의 신분이고 아들이 대부의 신분일 경우에는,
장례는 사의 예로써 하고 제사는 대부의 예로써 하는 것이다.

이것은 주공이 자신의 선조를 추존하는 과정에서 정한 예의 내용입니다.

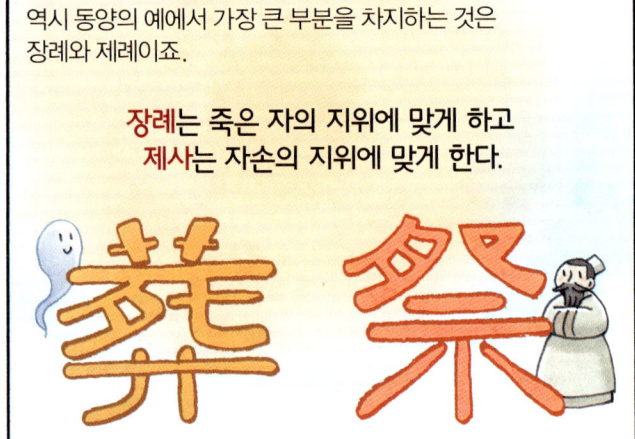

역시 동양의 예에서 가장 큰 부분을 차지하는 것은 장례와 제례이죠.

장례는 죽은 자의 지위에 맞게 하고 제사는 자손의 지위에 맞게 한다.

예를 들어 아버지가 사의 신분인데 아들이 대부라면 장례는 아버지의 지위에 맞게 사의 예로써 하고,

제사는 자식의 지위에 맞는 대부의 예로써 한다는 것이죠.

期之喪, 達乎大夫. 三年之喪, 達乎天子. 父母之喪, 無貴賤, 一也."
기 지 상   달 호 대 부   삼 년 지 상   달 호 천 자   부 모 지 상   무 귀 천   일 야

기년상의 경우는 서인으로부터 대부에까지만 미친다.
그러나 삼년상의 경우는 서인으로부터 천자에 이르기까지 예외 없이
미치는 것이니, 특히 부모의 상을 당해서는 귀천을 가리지 않고 한결같다."

기期: 기朞, 1주년

상례는 혈연의 멀고 가까움에 따라 상복을 입는 기간이 다릅니다.

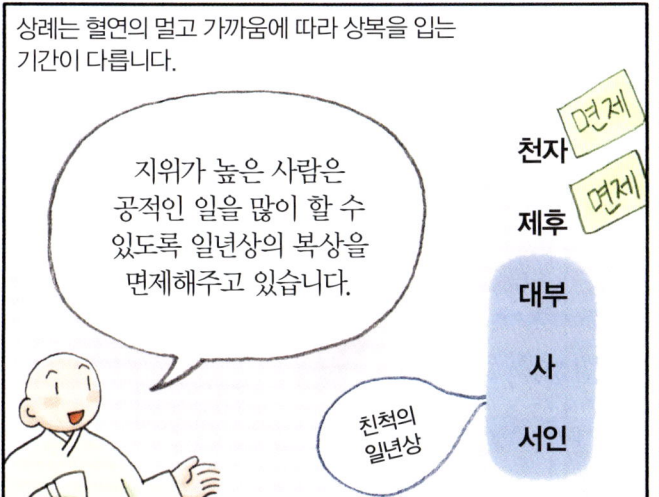

그러나 부모의 상을 당해서는 누구나 삼년상의 원칙을 지켜야 하죠.

신사임당은 문왕의 어머니 태임을 배우겠다는 뜻의 이름을 스스로 지었는데

율곡의 삶이 어머니의 뜻에 미치지 못했다고 할 정도로 거대한 혁명과 창업의 뜻을 가진 이름이라 할 수 있죠.

주공이 완성한 **인문주의 전통**에서 중원의 문명은 개화하기 시작했는데, 이것은 세계사에서 기적적인 일로, 고대사회에는 오직 중원 문명만이 가능했습니다.

상세목차

제1장 천명장 天命章

1-1 天命之謂性 · 10
천명지위성

率性之謂道 · 25
솔성지위도

脩道之謂教 · 26
수도지위교

1-2 道也者, 不可須臾離也. 可離, 非道也. · 30
도야자 불가수유리야 가리 비도야

1-3 莫見乎隱, 莫顯乎微, 故君子愼其獨也. · 33
막현호은 막현호미 고군자신기독야

1-4 喜怒哀樂之未發, 謂之中; 發而皆中節, 謂之和. · 36
희노애락지미발 위지중 발이개중절 위지화

中也者, 天下之大本也; 和也者, 天下之達道也. · 40
중야자 천하지대본야 화야자 천하지달도야

1-5 致中和, 天地位焉, 萬物育焉. · 41
치중화 천지위언 만물육언

제2장 시중장 時中章

2-1 仲尼曰: "君子中庸, 小人反中庸. · 50
중니왈 군자중용 소인반중용

2-2 君子之中庸也, 君子而時中; 小人之中庸也, 小人而無忌憚也." · 56
군자지중용야 군자이시중 소인지중용야 소인이무기탄야

제3장 능구장 能久章

3-1 子曰: "中庸其至矣乎! 民鮮能久矣!" · 64
자왈 중용기지의호 민선능구의

제4장 지미장 知味章

4-1 子曰: "道之不行也, 我知之矣, 知者過之, 愚者不及也; · 72
자왈 도지불행야 아지지의 지자과지 우자불급야

4-2 人莫不飲食也, 鮮能知味也." · 73
인막불음식야 선능지미야

제5장 도기불행장 道其不行章

5-1 子曰: "道其不行矣夫!" · 82
자왈 도기불행의부

제6장 순기대지장 舜其大知章

6-1 子曰: "舜其大知也與! · 94
자왈 순기대지야여

舜好問而好察邇言, 隱惡而揚善, 執其兩端, 用其中於民. · 95
순호문이호찰이언 은오이양선 집기양단 용기중어민

舜好問而好察邇言, · 100
순호문이호찰이언

276 도올만화중용 · 1

隱惡而揚善, · 102
은 오 이 양 선

執其兩端, 用其中於民, · 104
집 기 양 단   용 기 중 어 민

其斯以爲舜乎!" · 107
기 사 이 위 순 호

제7장 개왈여지장 皆曰予知章

7-1 子曰:"人皆曰予知, 驅而納諸罟擭陷阱之中, 而莫之知辟也. · 110
자왈   인개왈여지   구이납저고확함정지중   이막지지피야

제8장 회지위인장 回之爲人章

8-1 子曰:"回之爲人也, 擇乎中庸, 得一善, 則拳拳服膺而弗失之矣." · 116
자왈   회지위인야   택호중용   득일선   즉권권복응이불실지의

제9장 백인가도장 白刃可蹈章

9-1 子曰:"天下國家可均也, 爵祿可辭也, 白刃可蹈也, 中庸不可能也." · 122
자왈   천하국가가균야   작록가사야   백인가도야   중용불가능야

제10장 자로문강장 子路問強章

10-1 子路問強. · 128
자 로 문 강

10-2 子曰:"南方之強與? 北方之強與? 抑而強與? · 132
자왈   남방지강여   북방지강여   억이강여

10-3 寬柔以敎, 不報無道, 南方之強也, 君子居之. · 133
관유이교   불보무도   남방지강야   군자거지

10-4 袵金革, 死而不厭, 北方之強也. 而強者居之. · 134
임금혁   사이불염   북방지강야   이강자거지

10-5 故君子和而不流, 強哉矯! 中立而不倚, 強哉矯! · 135
고군자화이불류   강재교   중립이불의   강재교

제11장 색은행괴장 素隱行怪章

11-1 子曰:"素隱行怪, 後世有述焉, 吾弗爲之矣. · 140
자왈   색은행괴   후세유술언   오불위지의

11-2 君子遵道而行, 半塗而廢, 吾弗能已矣. · 141
군자준도이행   반도이폐   오불능이의

11-3 君子依乎中庸, 遯世不見知而不悔, 唯聖者能之." · 145
군자의호중용   둔세불견지이불회   유성자능지

제12장 부부지우장 夫婦之愚章

12-1 君子之道, 費而隱. · 148
군 자 지 도   비 이 은

12-2 夫婦之愚, 可以與知焉, 及其至也, 雖聖人亦有所不知焉; · 151
부부지우   가이여지언   급기지야   수성인역유소부지언

天地之大也, 人猶有所憾. · 157
천 지 지 대 야   인 유 유 소 감

12-3 詩云: "鳶飛戾天, 魚躍于淵." 言其上下察也. · 158
시운 연비려천 어약우연 언기상하찰야

12-4 君子之道, 造端乎夫婦, 及其至也, 察乎天地. · 160
군자지도 조단호부부 급기지야 찰호천지

제13장 도불원인장 道不遠人章

13-1 子曰: "道不遠人. 人之爲道而遠人, 不可以爲道. · 168
자왈 도불원인 인지위도이원인 불가이위도

13-2 詩云: '伐柯伐柯, 其則不遠.' · 165
시운 벌가벌가 기칙불원

執柯以伐柯, 睨而視之, 猶以爲遠. 故君子以人治人, 改而止. · 167
집가이벌가 예이시지 유이위원 고군자이인치인 개이지

13-3 忠恕違道不遠, 施諸己而不願, 亦勿施於人. · 172
충서위도불원 시저기이불원 역물시어인

13-4 君子之道四, 丘未能一焉: 所求乎子, 以事父, 未能也; · 175
군자지도사 구미능일언 소구호자 이사부 미능야

庸德之行, 庸言之謹, 有所不足, 不敢不勉, 有餘不敢盡.
용덕지행 용언지근 유소부족 불감불면 유여불감진

言顧行, 行顧言, 君子胡不慥慥爾!" · 178
언고행 행고언 군자호부조조이

제14장 불원불우장 不怨不尤章

14-1 君子素其位而行, 不願乎其外. · 184
군자소기위이행 불원호기외

14-2 素富貴, 行乎富貴; 素貧賤, 行乎貧賤; · 185
소부귀 행호부귀 소빈천 행호빈천

素夷狄, 行乎夷狄; · 186
소이적 행호이적

素患難, 行乎患難. · 189
소환난 행호환난

君子無入而不自得焉. · 190
군자무입이부자득언

14-3 在上位, 不陵下; 在下位, 不援上. · 191
재상위 불릉하 재하위 불원상

正己而不求於人, 則無怨. · 192
정기이불구어인 즉무원

上不怨天, 下不尤人. · 193
상불원천 하불우인

14-4 故君子居易以俟命, 小人行險以徼幸. · 195
고군자거이이사명 소인행험이요행

14-5 子曰: "射有似乎君子, 失諸正鵠, 反求諸其身." · 196
자왈 사유사호군자 실저정곡 반구저기신

제15장 행원자이장 行遠自邇章

15-1 君子之道, 辟如行遠必自邇, 辟如登高必自卑. · 200
군자지도 비여행원필자이 비여등고필자비

| 15-2 | 詩曰: "妻子好合, 如鼓瑟琴. 兄弟旣翕, 和樂且耽. 宜爾室家, 樂爾妻帑." · 206
시왈　처자호합　여고슬금　형제기흡　화락차탐　의이실가　낙이처노

| 15-3 | 子曰: "父母其順矣乎!" · 207
자왈　부모기순의호

제16장 귀신장 鬼神章

| 16-1 | 子曰: "鬼神之爲德, 其盛矣乎! · 212
자왈　귀신지위덕　기성의호

| 16-2 | 視之而弗見, 聽之而弗聞, 體物而不可遺. · 223
시지이불견　청지이불문　체물이불가유

| 16-3 | 使天下之人齊明盛服, 以承祭祀. · 225
사천하지인재명성복　이승제사

洋洋乎! 如在其上, 如在其左右. · 226
양양호　여재기상　여재기좌우

| 16-4 | 詩曰: '神之格思, 不可度思, 矧可射思!'" · 228
시왈　신지격사　불가탁사　신가역사

| 16-5 | 夫微之顯, 誠之不可揜如此夫!" · 229
부미지현　성지불가엄여차부

제17장 순기대효장 舜其大孝章

| 17-1 | 子曰: "舜其大孝也與! · 234
자왈　순기대효야여

德爲聖人, 尊爲天子, 富有四海之內, 宗廟饗之, 子孫保之. · 241
덕위성인　존위천자　부유사해지내　종묘향지　자손보지

| 17-2 | 故大德必得其位, 必得其祿, 必得其名, 必得其壽. · 251
고대덕필득기위　필득기록　필득기명　필득기수

| 17-3 | 故天之生物, 必因其材而篤焉. 故栽者培之, 傾者覆之. · 252
고천지생물　필인기재이독언　고재자배지　경자복지

| 17-4 | 詩曰: '嘉樂君子, 憲憲令德. 宜民宜人, 受祿于天. · 253
시왈　가락군자　헌헌령덕　의민의인　수록우천

| 17-5 | 故大德者必受命. · 254
고대덕자필수명

제18장 문왕무우장 文王無憂章

| 18-1 | 子曰: "無憂者, 其惟文王乎! 以王季爲父, 以武王爲子. · 260
자왈　무우자　기유문왕호　이왕계위부　이무왕이자

| 18-2 | 武王纘大王、王季、文王之緖, 壹戎衣而有天下, 身不失天下之顯名. · 270
무왕찬태왕　왕계　문왕지서　일융의이유천하　신불실천하지현명

| 18-3 | 武王末受命, 周公成文、武之德, 追王大王、王季, · 271
무왕말수명　주공성문　무지덕　추왕태왕　왕계

斯禮也, 達乎諸侯、大夫, 及士、庶人. 父爲大夫, 子爲士, 葬以大夫, · 272
사례야　달호제후　대부　급사　서인　부위대부　자위사　장이대부

期之喪, 達乎大夫. 三年之喪, 達乎天子. 父母之喪, 無貴賤, 一也." · 273
기지상　달호대부　삼년지상　달호천자　부모지상　무귀천　일야

도올 만화 중용 1

2019년 1월 10일 초판발행
2019년 1월 10일 1판 1쇄

지은이・보현・박진숙
펴낸이・남호섭
편집책임・김인혜
편집・제작・오성룡 임진권 신수기
채색・박진숙
본문디자인・권진영
표지디자인・박현택
펴낸곳・통나무

주소・서울 종로구 동숭동 199-27
전화・(02) 744-7992
팩스・(02) 762-8520
출판등록・1989.11.3. 제1-970호
값・16,000원

ⓒ 보현・박진숙, 2019

ISBN 978-89-8264-510-5 (47140)
ISBN 978-89-8264-509-9 (전2권)